大家さん税理士による

キャッシュを増やす

節税教科書

ぱる出版

はじめに

大家さん専門税理士の渡邊浩滋です。自分自身も賃貸経営をしています。大家さんをやりたかったわけではありません。実家が地主の家系で、祖父の相続対策で借金をしてアパートを建てたことが始まりです。相続があって、私の父が引き継いで賃貸経営をしていました。父は経営というものがわかっていなかったのです。杜撰な経営で、空室があっても何もせず、お金の管理もできず、借金が返せない状態にまで追い込まれました。固定資産税も払えず差し押さえまでされました。

「このままではマズイ」と思って、私が経営を引き継ぎ、財務改善をして立て直しをしたのです。そこから「どうやったらお金が残るのか」を徹底的に考えてきたのです。

税金の支出は大きかったのです。税金をどうやったら減らせられるかを日々研究していました。しかし、「経費を使って税金は減らせても、お金が減ってしまう。」ことに行き詰まるのです。これは、節税という本質がわかっていなかったからです。

ここ何年もサラリーマン大家と称される、不動産投資家さんが増えたと実感しています。終身雇用制度が過去のものになりつつあるのと、将来年金がもらえるのか、という不安から、何も知識がないまま、不動産投資に乗り出す方も少なくありません。

「不動産投資は節税になりますか？」

「どうすれば節税できますか？」

こんな質問をよく受けています。このような方に限って、変なお金の使い方をして、賃貸経営が停滞してしまうことがよくあります。節税を狙うことは間違っていませんが、経営を忘れてはいけません。賃貸経営があった上での節税であるべきです。

私が本書で伝えたいことは、節税の本質です。本質がわかれば、有効な節税と意味のない節税がわかると思います。

「不動産投資で失敗して欲しくない！」

「うちの実家の二の舞いにならないで欲しい！」

そのような思いでいつも大家さんの相談にのっています。みなさまの賃貸経営の参考になれば幸いです。

目次

はじめに……3

【第1章】不動産投資は節税になるのか？……11
1 不動産投資にかかる税金……12
2 節税になる3つの要件……16

【第2章】不動産は税金との戦い？……23
1 不動産投資にかかる税金……24
2 税金の負担が重いと感じる正体……30
3 納税スケジュールの作り方……31
4 コントロールできる税金とコントロールできない税金……32

【第3章】グレー経費の落とし方……33
1 大家さんの経費は、認められないのか？……34

2 税務署職員とバトルした話 …… 35
3 経費を認めてもらうためには …… 37
4 具体的なグレーな経費の検証と計上するための対策10選 …… 38
5 裁判になってしまうと …… 49
6 経費計上のチェックポイント …… 51
7 税務調査で否認されにくい経費計上の方法 …… 52

【第4章】割引きとしての節税 …… 57
1 税金が減って手残りも減る? …… 58
2 戦略的な経費の使い方 …… 61
3 経費を使っても意味ないゾーン …… 64
4 良い経費と悪い経費 …… 68

【第5章】税金の繰り延べ …… 73
1 税金の繰り延べ …… 74
2 保険の場合 …… 76
3 正しい繰り延べの方法 …… 78

【第6章】減価償却は魔法の経費？……81
1 減価償却は魔法の経費か？……82
2 減価償却の正体……83
3 減価償却をコントロールする方法……86
4 耐用年数をコントロールする方法……93

【第7章】デッドクロスを正しく恐れる……97
1 デッドクロスとは？……98
2 デッドクロスの間違った対策……100
3 正しいデッドクロス対策……105
4 なぜ誤った対策をしてしまうのか？……106

【第8章】本当の節税……111

【第9章】その他の節税①（資産計上せずに経費にする方法）……117

1 修繕費と資本的支出……118
2 資本的支出はキャッシュフローが悪くなる?……120
3 修繕費と資本的支出の区分……121
4 資本的支出に備えて資金を準備しよう……126

[第10章] その他の節税②(所得控除を上手く使う方法)……127
1 小規模企業共済等掛金控除……128
2 寄付金控除(ふるさと納税の活用)……132

[第11章] 法人化で本当の節税を!……137
1 法人化とは何か……138
2 法人化の種類……143
3 不動産を購入するなら個人か?法人か?……147
4 個人と法人の違い……153
5 法人のコスト……160
6 社会保険の問題と対策……162

［第12章］売却の税金の節税……169
1 投資家のメリット……170
2 売却に係る税金（個人の場合）……175
3 売却に係る税金（法人の場合）……181
4 売却に係る税金（不動産M&Aの場合）……182

［第13章］消費税の節税とインボイス制度……187
1 消費税の課税事業者になる場合……188
2 住宅の家賃しかなくても、課税事業者になる場合……189
3 住宅用の家賃しかなくても気をつけるべき課税売上……189
4 課税事業者が建物等を売却する場合の注意点……190
5 簡易課税制度……191
6 課税事業者が建物等を購入する場合の注意点……193
7 不動産投資の消費税還付はできなくなった?……194
8 民泊物件にすれば消費税還付できるってホント?……194
9 インボイス制度とは……198

10 インボイス登録が必要か？……202
11 免税事業者はインボイス制度にどう対応すればよい？……204
12 インボイス登録申請期限……212

［第14章］所得別節税法……215
1 個人事業の場合……216
2 法人経営の場合……218
おわりに……220

［第1章］

不動産投資は節税になるのか？

1. 不動産投資にかかる税金

「不動産投資は節税になる」と聞いて、不動産を購入される方がいらっしゃいます。

しかし、私が今までに投資家さんの確定申告書を作成して感じたことは、節税になって得をしている方はごく一部ということ。いかに多くの人が不動産投資の税金について正しい知識が得られていないのだと感じてしまいます。

「一体どういったケースが節税になるのか」

これをしっかりと理解して頂きたいと思います。

その前に、税制のルールが変化していることを知らなければなりません。

不動産投資は節税になっていた時代はたしかにありました。

しかし、いくつかの税制改正を経て、節税になりにくくなってしまったのです。

にもかかわらず「不動産投資は節税になる」という言葉がまかり通ってしまっているように感じます。

まずは税制がどのように変わっていったのかを理解しましょう。

1［ルール変更①］定率法による減価償却費ができなくなった

減価償却の方法には、定率法という償却方法があります。定率法とは、償却額が逓減していく償却方法です。逓減とは、時間の経過とともに減少していくことです。つまり、最初に大きく償却が取れて、少しずつ償却額が減っていく償却方法です。

一方、定額法は、償却額が一定となる償却方法です。図に表すと下記のようになります。

両者とも、減価償却として経費になる総額は変わりません。早く多く償却するのが定率法です。

年間の償却額の関係は、

最初から中盤にかけて

定率法による償却額 ＞ **定額法による償却額**

中盤から最後にかけて

定率法による償却額 ＜ **定額法による償却額**

となります。

詳しくは後述しますが、不動産投資における節税は、売却時の税率よりも、保有時の税率が高くなるのであれば成立します。

短期譲渡税　39％　＜　課税所得９００万円超　43％（所得税33％、住民税10％）

長期譲渡税　20％　＜　課税所得３３０万円超　30％（所得税20％、住民税10％）

保有しているときに早期に、大きく償却を取れれば、売却のタイミングが早く来ても節税になる可能性が高まります。

しかし、減価償却のルールが変わりました。個人・法人にかかわらず、平成10年4月1日以後取得の建物は定額法のみ適用。さらに、平成28年4月1日以後取得の建物附属設備・構築物は、定額法のみ適用。つまり、平成28年4月以降に不動産投資をする場合には、定率法が使えなくなったということです。

2 ［ルール変更②］土地負債利子による損益通算の制限

不動産所得が赤字になる場合には、給与などの他の所得と損益通算（相殺）することができます。これが節税になると言われる部分です。

しかし、不動産所得については、赤字になった場合には、「土地取得にかかる借入金の利子については、損益通算の対象にはならない」という規定があります。土地の借入金の利子については経費にならないということではなく、経費にはなるけれど、赤字になった場合には、赤字分から土地の借入金の利子を控除した金額が、損益通算の対象になるということです。

例えば、不動産所得がマイナス100万円になった場合。経費計上した借入金の利息120万円のうち、土地にかかる利息が60万円だとすると、100万円－60万円＝40万円のみが損益通算の対象になります。

不動産所得のマイナスが、土地負債利子60万円に達するまでは、損益通算の金額は0円になるのです。損益通算ができないのであれば、その分経費が切り捨てになっていることと同じです。

この規定を知らずに、不動産投資をしてしまい、「思っていたよりも節税にならなかった」と感じる方は本当に多いのです。

この規定は、個人のみに適用されます。平成3年の税制改正によって不動産バブルを抑制するため、平成4年以降から規制されることになりました。平成3年以前はなかった規制です。バブルが過ぎ、土地価格が下落しても、この規定は残されたままです。

3 ［ルール変更③］ 売却損の損益通算の制限

不動産を売却した場合、売却益に対して税金がかかりますが、長期保有していれば低い税率が適用されます。売却損が出た場合には、長期保有も短期保有も関係なく、損失は切り捨てられてしまいます。（ただし、同じ年に売却した不動産の売却益との相殺することは可能です）

平成15年以前は、この売却損について、給与などの他の所得と損益通算（相殺）することができました。損失が生じても、損を軽減する措置が取られていたのです。つまり、売却益が出れば、長期譲渡で低い税率によって節税ができ、売却損が出ても、他の所得と損益通算によって、節税ができました。

しかし、平成16年の税制改正によって、平成16年以後の不動産の売却によって生じた売却損については、他の所得との損益通算ができなくなりました。

2. 節税になる3つの要件

不動産投資が節税に全くならないとは言いません。しかし、節税になる人は左記の要件を全て満たす人に限定されると考えます。

（1）高所得者が

（2）減価償却が大きく取れる物件を購入し

（3）購入金額以上で売却した

一つ一つ解説していきます。

（1）高所得者とは

所得税は、超過累進税率という仕組みになっています。超過累進とは、所得が大きくなればなる

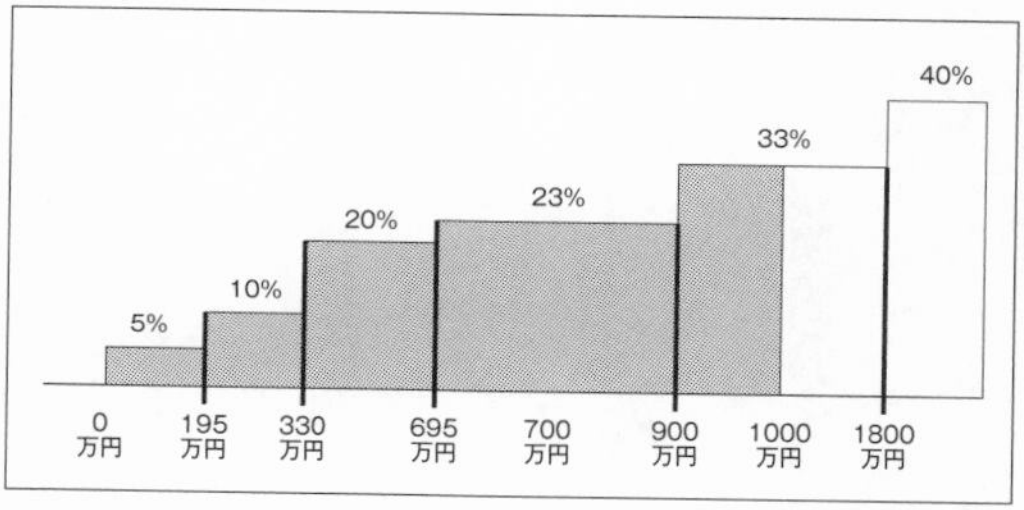

ほど、高い税率で課税されるということです。ただし、全体に対して、高い税率が課税されるということではなく、一定の金額を超えると、超えた部分に対して高い税率がかかるというものになります。

課税所得が１千万円の場合、１千万円に33％の高い税率がかかるわけではなく、９００万円を超えた１００万円に33％の課税、６９５万円～９００万円までは23％の課税というように上記の灰色部分の合計が所得税額になります。

所得税・住民税合算の速算表

課税される所得金額	税率	控除額
195万円以下	15%	—
330万円以下	20%	9.75万円
695万円以下	30%	42.75万円
900万円以下	33%	63.60万円
1,800万円以下	43%	153.60万円
4,000万円以下	50%	279.60万円
4,000万円超	55%	479.60万円

売却時に課税される税率は、一律の税率です。所有期間によって短期譲渡か長期譲渡に区分され、それぞれ税率が異なります。

短期譲渡とは、譲渡する年の１月１日時点で５年以下の所有で税率。

長期譲渡とは、譲渡する年の１月１日時点で５年超の所有で税率。

※復興所得税は考慮していません。

不動産投資で節税するためには、保有時に赤字にして、節税になる金額（高い税率）と売却時に譲渡益に課税される金額（低い税率）のギャップを利用することです。
ですから、税率のギャップが大きければ大きいほどよいことになります。つまり、高所得者であればあるほど有利になります。そして、売却時に低い税率を使うため、高く売れれば売れるほど節税につながるということになります。

《売却時の税率よりも、保有時の税率が高くなる所得》

短期譲渡税39％（所得税30％・住民税9％）＜**課税所得900万円超43％**（所得税33％・住民税10％）

長期譲渡税20％（所得税15％・住民税5％）＜**課税所得330万円超30％**（所得税20％・住民税10％）

1円でも超えていればよいわけではありません。不動産を購入や売却するときには、仲介手数料や登記費用などの諸費用がかかってきます。つまり節税を狙える高所得者とは、年収を1500万円以上得ている人が目安と考えます。

（2）減価償却が大きく取れる物件とは

節税のためには、不動産所得で赤字になることが前提になります。赤字にするのは、キャッシュが減っていくだけなので本末転倒です。つまり、追加のキャッシュがない減価償却費で赤字になることが必要ということなのです。

ここで注意したいのは、中途半端な赤字ではなく、大きな赤字が必要ということです。何度も言いますが、赤字になっても、赤字額全部を給与などから控除できるわけではないのです。不動産所得については、赤字になった場合には、「土地取得にかかる借入金の利子については、損益通算の対象にはならない」という規定があるのです。すると、建物比率が高い物件や償却期間が短い物件（木造の築古など）を狙う必要があるのです。このような物件は都心で見つけるのは至難の業です。

郊外にはあるかもしれません。しかし、次の要件である高く売却できるかどうかを満たさない可能性が出てくるのです。

（3）購入金額以上で売却したとは

そもそも売却する必要があるのか？　売却せずにずっと所有していてもいいのではないか？　と考える人もいるでしょう、

まず『投資は、元本を回収して成功』ということは絶対に忘れてはいけません。減価償却で税金は減ったけど、売却したら損をしていたということは、本当によくある話なのです。ですから、売却して損をしないことが絶対です。ただ、保有時に節税になっていれば、たとえ売却損になっていても、節税額でカバーできれば問題ありません。

保有時の節税額＞売却損

また家賃収入が入ってきますので、家賃収入から経費・返済額を除いたキャッシュフロー（手残り）があるので、上記の節税額と手残りを合わせた金額が売却損でカバーできればよいことになります。ただし、保有のし過ぎに注意しなければなりません。減価償却が終わって、長く保有していると、減価償却がなくなって、不動産所得が黒字になります。もともと高所得者なので、高い税率で課税がされるのです。所有すればするほど、高い税金を払うことになり、キャッシュフローがマイナスになる場合があるのです。

さらに、注意したいのが、購入時にも、売却時にも、諸経費がかかっていることです。購入時の仲介手数料、登記費用、不動産取得税。売却時の仲介手数料、譲渡所得税・住民税。この諸経費・税金を考慮しても、得になっていないと意味がないのです。ですから、購入金額以上で売却することを目指さないとならないのです。

ちなみに、売却せずに、保有したいと考える人はどうすればよいでしょうか？

一般的には、元本回収まで相当時間がかかります。前述したとおり、減価償却が終わってしまった後は、節税でなく、納税になることが多いからです。

また、築年数が経つと、修繕費が増えていきます。10年～15年のサイクルで大規模修繕が発生し、大きな支出があります。その長いスパンの中で、元本回収ができるかどうかになります。

おそらく元本回収するときには、節税でなく、収支をきちんと考えた経営にシフトしなければならないのです。それではすでに節税のための不動産投資とは言えないのではないでしょうか。節税という観点からすると、売却をすることになるのです。そして、売却損にならないようにすることが大前提なのです。

以上が節税になる条件です。どうでしょうか？　なかなか難しいと思いませんか？

ちなみに、減価償却が大きく取れて、かつ、売却時に値下がりにくいものとして、海外不動産投資が一時期、流行しました。海外不動産は、築が古くても建物の価値が下がらず、売買金額のうち建物に占める割合が80％〜90％のものが多くあります。海外不動産の収入についても、日本の確定申告が必要です。そして、この減価償却の計算は、日本の税制が適用されるのです。

中古の耐用年数が適用できるため、築22年を超える木造であれば、4年で償却することが可能です。これを利用して、減価償却を多く計上し、不動産所得を赤字にして、給与などと損益通算することで節税をしている方がいました。

さらに、長期譲渡になるまで保有（売却年の1月1日時点で5年超保有）すれば、長期譲渡となり、所得税・住民税合計で20％の課税で済みます。

この節税スキームを問題視していた会計検査院の意見がきっかけとなり、税制改正となりました。内容は、令和3年以後、海外の中古建物の減価償却費から生じた赤字は、生じなかったものとみなす（損益通算できない）、というもの。その代わり、この建物を譲渡した場合の、譲渡所得の計算では、減価償却として生じなかったとみなされた金額が、取得費として計上できる（譲渡税が抑えられる）ことになりました。仮に節税を狙える投資があっても、税制改正で塞がれてしまうリスクがあるのです。これなら普通に収益を狙う不動産投資をした方が成功確率は高いと私は考えます。

［第2章］

不動産は税金との戦い？

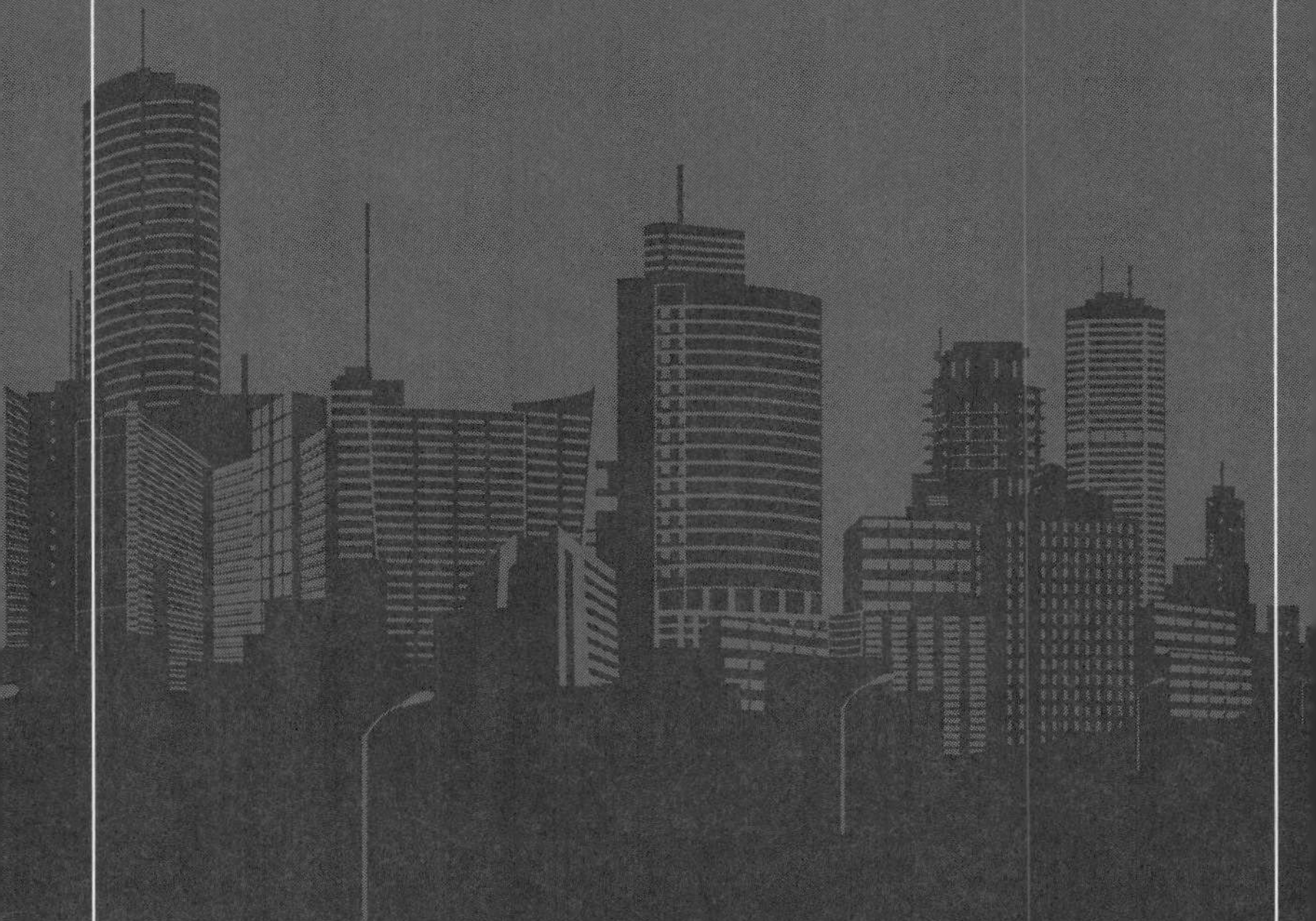

1．不動産投資にかかる税金

賃貸経営において節税は非常に重要になってきます。しかし、目先の節税ばかりにとらわれてしまうと、先々で失敗する可能性があります。というのも、賃貸経営には、所得税以外にも様々な税金がかかってくるからです。では、不動産を購入した後にかかる税金スケジュールを見てみましょう。

①不動産取得税

不動産を取得すると不動産取得税が課税されます。これは取得のときだけ1回課税されます。不動産の登記をすると、都道府県の課税部署に情報が回り、納付金額が記載された納税通知書が送られてきます。その期日に従って納税することになります。

支払期日：物件の引渡し時後3ヶ月～1年後以内

【建物】　固定資産税評価額×3％（※）

（店舗、事務所などの住宅以外の場合は4％）

【土地】　固定資産税評価額×2分の1（※）×3％（※）

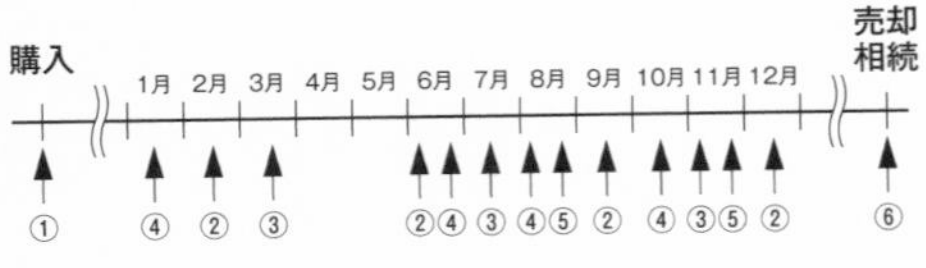

①不動産取得税（取得後6ヶ月～1年後程度）
②固定資産税・都市計画税（6月・9月・12月・2月）
③所得税（3月15日 予定納税7月・11月）
④住民税（6月・8月・10月・1月）
⑤個人事業税（8月・11月）
⑥売却→譲渡所得税・譲渡住民税（翌年）
⑥相続→相続税（相続後10ヶ月以内）

※東京23区のケース

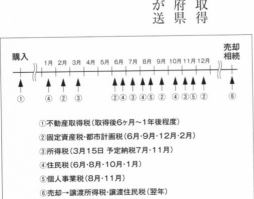

※令和6年3月31日までの特例になります。

②固定資産税・都市計画税

固定資産（土地、家屋、償却資産）を所有している人に課せられる税金。毎年1月1日時点の固定資産の所有者に対して、固定資産の評価に基づいた税額が定められる賦課課税方式です。税金を納めるのは固定資産の所在する市町村に対してです。ただし、東京都の特別区（23区）は東京都に納めます。

固定資産税　固定資産税課税標準額×1.4％（標準税率）

都市計画税　都市計画税課税標準額×0.3％（制限税率）

標準税率とは、通常その税率によるべき税率をいい、必ずしもその税率に従わなくてもよいものです。制限税率とは、超えてはならない上限税率です。

③所得税

税率については、第1章を参照してください。前年分の所得金額や税額などを基に計算した金額（予定納税基準額）が15万円以上である場合、その年の所得税及び復興特別所得税の一部をあらかじめ納付するという制度があります。この制度を予定納税といいます。簡単に言うと「翌年の税金を前払いしなさい」ということです。予定納税基準額を3分割し、7月末に3分の1、11月末に3分の1を納税、翌年の確定申告で1年分の税金を計算をして、すでに払った予定納税を差し引いて、残りを納税することになります。

④住民税

前年の所得で税額が決まる地方税。都道府県民税と市町村民税の総称。地方自治体へ納める税金で、前年1月~12月までの所得によって税額が決定されます。

所得金額から差し引かれる所得控除（配偶者控除、扶養控除、基礎控除など）の金額は、所得税より住民税の方が少額。そのため住民税は、課税対象となる所得金額が所得税より割高になります。

住民税は、所得割と均等割で構成されています。所得割の標準税率は、課税所得金額に一律10％をかけます。均等割の標準課税（年額）は、5000円（地域によって異なる場合あり）です。

住民税の計算式

課税所得金額 × **10％＋5000円（※）** ＝ **住民税額**

（※）地域によって異なる場合があります。

⑤個人事業税

事業的規模でない場合は、原則的には課税対象となりません。ただし、事業的規模の判定が所得税とは違うため注意が必要です。また、事業主控除額が２９０万円あるため、所得がそれ以下の場合は課税されません。

個人事業税の計算式

不動産所得 ＋ **青色申告特別控除額** − **控除額２９０万円** × **５％** ＝ **個人事業税額**

⑥譲渡所得税・譲渡住民税

不動産を売却した場合には、売却の利益に対して、所得税・住民税が課税されます。個人の不動産の売却については、譲渡所得に分類されます。譲渡所得は、分離課税と言って、他の所得（不動産所得や給与所得など）とは別個に計算をして、税率をかけます。

譲渡所得 ＝ **譲渡収入** − **（取得費＋譲渡費用）** **税金** ＝ **譲渡所得** × **税率**

譲渡所得の税率は、短期譲渡か長期譲渡かによって異なります。短期譲渡とは、譲渡する年の１月１日時点で５年以下の所有で税率が20・３１５％。長期譲渡とは、譲渡する年の１月１日時点で５年超の所有で税率が39・63％。

譲渡する年の1月1日時点で判定します。

⑦相続税

相続税は、相続時点でのすべての財産に対して課税されます。ただし、財産額合計に対して課税されるわけではなく、基礎控除額を控除し、基礎控除額を超える部分に対して課税されることになります。

〈基礎控除額の算定〉

平成27年1月1日以後の相続

3000万円 ＋ **600万円** × **法定相続人の数**

〈その他〉

消費税がかかる場合もあります。消費税は、国内で事業として消費される商品やサービスに対して課される税金です。大家さんも事業者ですが、事業者すべてが課税事業者（消費税を納税する人）になるわけではありません。課税事業者になるかどうかは、2年前（2期前）もしくは前年（前期）の開始から半年間の課税売上高などで判定します。この課税売上高が少ない場合には、消費税の納税はありません。（免税事業者）

2年前（基準期間）もしくは前年の1月1日から6ヶ月（特定期間）の課税売上高が1000万円（または給与などの支払額が1000万円）を超える場合は、消費税を納税しなければなりません。

家賃には消費税はかからない？

不動産収入においては、消費税が課税されるものと非課税のものがあります。アパートの家賃には消費税はかかりませんが、事務所や店舗の賃料には消費税がかかります。また不動産を売買する際も、建物と土地では扱いが違います。

消費税の納税額は、「預かった消費税」から「支払った消費税」を差し引いた差額になります。「預かった消費税」よりも「支払った消費税」が多い場合は、消費税の確定申告を行うことで、差額分が還付されます。

※支払った消費税とは：貸店舗建物の購入や設備の購入など、必要経費の支払いにかかる消費税のことです。集計する際は、消費税の非課税取引を除外して計算します。

このように、賃貸経営には様々な税金がかかります。納税スケジュールを見てもらうとわかりますが、毎月何らかの税金を払うことになります。

さらに、売却や相続した場合にも税金がかかるため、賃貸経営は税金との戦いといえるでしょう。納税スケジュールを立てておけば、どの時期にどれくらい税金を払う必要があるのかがわかるので、毎月の支出に備えてお金を準備することが可能です。

ですから、短期的な節税だけ、小手先だけの節税をしても、その後の税金のことを考えなければ意味がないのです。

年間の納税スケジュール、購入時から10年後、20年後までの事業計画表、賃貸経営のライフサイクルなど、先を見据えた計画を立てて事業を俯瞰で見る視点が大切です。そうすれば、今やるべきこと、将来に備えておくべきことがおのずと見えてくるのです。

2. 税金の負担が重いと感じる正体

税金の負担が重いという大家さんと話をしてきましたが、苦しんでいる方の多くは、金額の大小ではないのです。そもそも、いつどんな税金がいくらかかるかを把握していないのです。

「今月税金を払ったと思ったら、また納付書が届いた…」

毎月税金の支払いに追われているという気持ちが、心を重くしていたのです。

そこで納税スケジュールを作って、いつどんな税金を払うのかを管理してくことを勧めています。

おそらく月々一定額を積み立てていく方が気持ちの負担は軽くなります。

サラリーマンが実は税金を多く払っていても、税金の負担を大きく感じないのは（実際に社会保険料などが差し引かれているので負担が大きいと感じている人もいますが）、毎月給料から源泉徴収（給与天引き）されているからです。貯蓄を給与天引きにしている人の方が、お金が貯まりやすいのと同じだと思います。

3. 納税スケジュールの作り方

では実際に納税スケジュールを作ってみましょう。

手順は

（1）1年間の税金を種類別、月別に金額を入れる

（2）1年間のすべての税金の合計額を12で割ってひと月あたりの積立額を出す。（月によって積立額では足りない分は調整する）

難しくはないと思います。整理するだけで気持ちが楽になることを実感してみてください。

（単位：万円）

	所得税	消費税	住民税	固都税	事業税	自動車税	合計	積立額
4月								22
4月						5	5	22
6月			10				30	22
				20				22
7月	30						30	22
8月			10				20	22
					10			22
9月				20			20	22
10月			10				10	22
11月	30						40	22
					10			22
12月				20			20	22
1月			10				10	22
2月				20			20	22
3月	30						55	22
		25						22
合計	90	25	40	80	20	5	260	264

4. コントロールできる税金とコントロールできない税金

「税金を100万円以上も払っているので大変」という大家さんの相談を受けて、確定申告を見せてもらうと…　納税額が10万円。「100万円も払ってないじゃないですか?」と聞くと、「固定資産税で100万円くらい払っている」とのこと。大家さんとの会話でよくあることです。

固定資産税が高いのは理解できるのですが、固定資産税を下げるのはなかなか難しいです。駐車場にアパートを建てることで土地の固定資産税が下がることはありますが、すでに賃貸物件が建っている状態を下げるのは至難の業なのです。

このようなコントロールできない税金を嘆いていても仕方がありません。所得税、住民税、事業税など、所得に対して課税されるような税金であれば、ある程度コントロールができるので、ここを下げることに労力を使わなければなりません。

そのためには税金を一緒くたに考えないことです。何がコントロールできて、何ができないのか、納税スケジュールを立てると見えてくるかもしれません。

［第3章］

グレー経費の落とし方

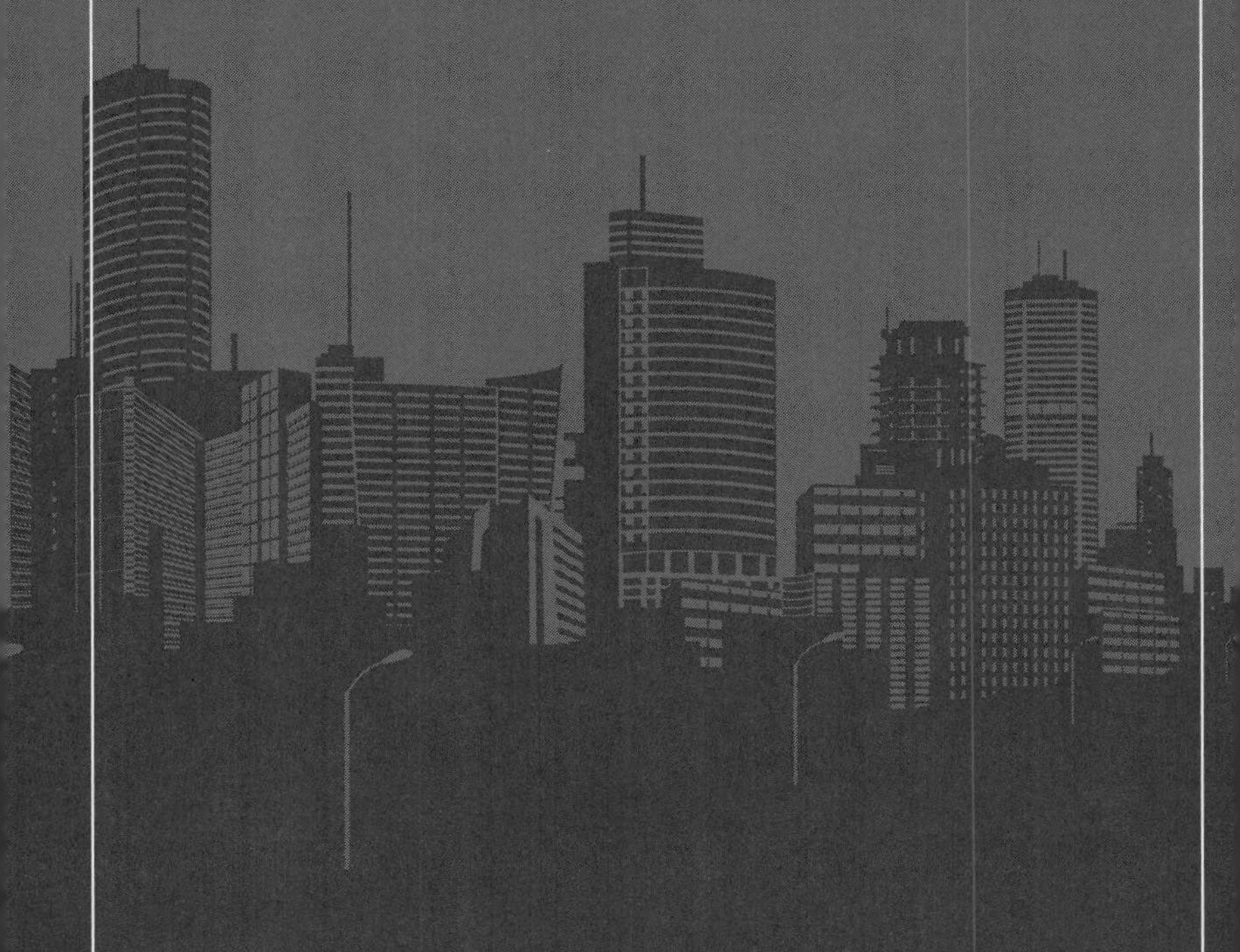

1．大家さんの経費は、認められないのか？

「不動産所得は、経費が認められにくい」

ネットで調べるとこのような文言や動画解説がされていることをよく目にします。いろいろと観察していった結果、一つの共通点を発見しました。

経費にするのは難しいと主張している人の根底には、「不動産投資」に対する経費という考えがあるのです。つまり、「投資」に対して経費を認めるかどうかということです。

例えば「株式投資、ＦＸ投資に対して経費を認めるか」という質問に置き換えてみるとイメージがしやすいかもしれません。

株式投資をするために、投資塾に通って、株式投資の本を買って勉強し、情報交換するために飲みに行く。あなたが、税務署の職員だとしたら、これらの経費を認めますか？「う～ん」と頭を悩ましてしまうのではないでしょうか。私も「認めます」と胸を張って言えません。

これは、「投資」という側面で見ているからに他なりません。「投資」はあくまでも「投資」。副業に近いイメージかもしれません。サラリーマンが片手間でやっているイメージなのかもしれません。少なくとも事業をやっているイメージにはならないでしょう。このようなイメージを「不動産投資」にも持っているのです。

2.税務署職員とバトルした話

税務署の職員はほとんど「不動産投資」のイメージを持っていると思います。私は過去に大家さんの税務調査に立ち会って、税務調査官からこのような言葉を聞いたことがあります。「大家さんには交際費は一切認められていないのですよ」一瞬、耳を疑いました。

「なぜだ？ そんなわけない」とっさに判断できました。

○賃貸経営をどうすれば上手くできるのか
○いい不動産をどうやって見つけられるのか
○金融機関とはどうお付き合いすればよいのか

こういったノウハウは書籍やインターネットの情報では出回っていない。すべて人から聞く情報でしかない。

この情報はどうやって仕入れるのか。大家さん同士の情報交換や業者さんとの情報交換を通じて仕入れるしかない。「大家さんとは孤独の存在」だと、私自身の経験から学んだことです。

誰も賃貸経営のことなんて教えてくれない。ともすれば、何も知識ない大家さんから、どうやって利益をかすめ取ってやろうかと考える業者も存在するのです。大家さんは自分で自分の身を守る他はないのです。

そのために、情報を仕入れることは「たった一つの生命線」と言っても過言ではないのです。

それを、「大家さんには交際費は認められていない」のひと言で片付けられるのか。私は、半分怒りに任せていたと記憶しています。

「その根拠は何ですか？ 条文に書いてあるのですか？」

調査官は「いいえ、条文には書いてないですが、条文の解釈として、直接関係する経費でないと認められないことになっています」といかにも正論らしきものを貫いてきます。

それでも納得のいかない私は、

「それでは個人事業でやっている不動産業者さんはどうなのですか？ 直接関係する交際費でないと認められないのですか？」と喰い下がりました。

少し面食らった感じを見せた調査官は、

「不動産業者は交際費として認めています」理屈が通ってない…。

完全に頭に来た私は猛追をかけました。

「不動産業者さんと大家さんでは何が違うのですか？ 事業所得と不動産所得ですか？ 経費計上の条文には、事業所得と不動産所得の区別なんてしていないですよ」

完全に劣勢に立たされた調査官が、絞り出して言ったことは

「うちの税務署ではそう教えられてきました」

「理由になってない!!」

私は、そこが税務署だということも忘れ、完全に怒鳴っていました。私の経験ではありますが、

このような調査官とのやりとりは結構あるのです。

大家さん＝不労所得というイメージが強いのか、投資という側面だけで見ているのか、調査官は経費を認めたがらない傾向にあります。しかし、大家さんの実態を知っている私からすると、経費が認められないということはありえないと考えています。

当然、架空の経費だったり、家事費を経費計上することはもってのほかです。しかし、賃貸経営をするにあたって必要な経費は計上できて当然のはずなのです。

3.経費を認めてもらうためには

「投資」ではないとはっきり言うことです。「不動産賃貸事業」としてやっている。その事業のためにかかった費用を計上している。そう堂々と主張することです。

そのためには、不動産賃貸にどんな思いで、どんな姿勢で臨んでいるかを説明するべきだと思います。

4．具体的なグレーな経費の検証と計上するための対策10選

左記を前提として、具体的な経費について検証してみましょう。

⑴ 接待交際費

《検証》

接待交際費とは、「不動産所得」に関係する相手先への贈答品や接待費などのことを指します。その「内容」が「不動産経営」に直接関係するものならば、必要経費とするのに基本的には問題ありません。

ただし、交際費については相手先や金額面などで恣意性が高くなるため注意が必要です。ご自分の主観ではなく、あくまで客観的に判断できるようにしなければいけません。

《対策》

管理会社へのお歳暮や、担当者との打ち合わせに付随する飲食費などは、相手方がはっきりしていれば必要経費と主張しやすいといえます。セミナー後の懇親会の参加費も「不動産経営」との結びつきが強いものです。しかし、賃貸経営の延長上にあればなんでも「交際費」として必要経費に

なる、というものでもありません。

例えば、セミナーで出会って意気投合した大家さん仲間との飲食費はどうでしょう？

これは場合によっては「大家さん仲間」ではなく「単なる友人との飲食」とみられる可能性があります。そうならないよう、相手方の名前やそのとき話した具体的な内容など、賃貸経営に「必要な」会合であったという記録をしておくと経費として認められる可能性が高くなるでしょう。

また、その「支出額」についても気をつける必要があります。

例えば月１００万円の賃料収入の人が毎月90万円の交際費を使っていたら、これは「必要」の範囲を超えているといえるでしょう。家賃収入の何％以内に抑えるべきという人もいますが、私は、賃貸経営の場合、家賃収入が多いから交際費が多くなるということにはならないと思っています。金額として年間１００万円を超えると多いと感じます。

（2）セミナー代

《検証》

セミナー出席費用は、賃貸経営に役立つ情報を得るための「直接必要」な支出として、経費とするのに支障は少ないかと思われます。ですが、セミナーの内容が「不動産経営」に関係ないもの（「株式投資」や「ＦＸ投資」など）だと経費と認められない可能性が高いでしょう。あくまで賃貸経営に直接関係のあるものに限定されるということには注意が必要です。

《対策》

先述の通り、セミナーについてはその内容が重要になるため、賃貸経営に役立つセミナーである、という証拠（配布された資料など）を保存しておくのが良いでしょう。

なお、セミナー等への支出でも、勤務先の仕事内容と重複する部分については「賃貸経営のみ」に必要な経費と認められなかった事例もあります。

(3) 物件調査費用

《検証》

物件を購入するために、現地に行って視察したときの、交通費や宿泊費などは経費と考えるのが通常ですが、観光旅行を兼ねて調査したとして、何でも経費にするのは考えものです。税務調査の指摘でも、観光旅行ではないのか？ 物件購入していない調査であれば、経費にならない。と言われることがあります。

《対策》

視察の証拠となる写真、不動産情報チラシ、訪問した不動産会社の名刺を取っておき、視察をした事実があることは証拠として残しておくようにしましょう。また、視察レポートも書いておくようにしてください。とくに物件を購入しなかった場合には、観光的な要素が強いのではないかと疑われます。購入しなかった理由をレポートの中に明記しておくとよいでしょう。万一、観光をしているのであれば、観光と視察の割合を出し、視察の割合分の経費を計上するなどにするとよいと考えます。

（4）事務所（自宅）経費

《検証》

自宅でパソコン業務などをする場合もあるでしょう。自宅の一部を経費として、家賃（もしくは減価償却、固定資産税、利息）の一部を経費計上することがあります。これは認められるのでしょうか？

平成25年10月17日東京地裁で納税者が敗訴した事案があります。保険代理店事業を行っていた個人が、自宅兼事務所の家賃うち、1階のリビングダイニング（25㎡）と2階の洋間3室のうち1室（9㎡）を事務所分として、これらの面積に相当する家賃を必要経費にしていたが、認められませんでした。

裁判所は、「建物の構造上、住宅の一部を居住用部分と事業用部分とに明確に区分することができる状態にないことは明らかである」ことから必要経費にはならないと判断しました。

《対策》

自宅の一部を業務で使用するなど、プライベートと事業が混じっている支出を家事関連費と言い、必要経費にできる要件が規定されています。

〈白色申告の場合〉

①主たる部分が業務の遂行上必要であること、かつ、

②その部分が明らかにできること

〈青色申告の場合〉

取引の記録等に基づいて業務の遂行上必要であったことが明らかにされること

いずれも、業務と明確に区分できる部分が経費になるとしています。事業でも使うけれども、プライベートでも使用するダイニングは、明確に区分されないため経費とするのは難しいでしょう。経費計上するならば、区切られた部屋です。その部屋を事業でしか使わないようにすれば、その部分は経費にすることは可能と考えます。

サラリーマン大家さんの場合、税務署から「ここで何時間仕事しているの?」と問い詰められる可能性があります。しかし、これは、時間ではなく、スペースの問題であるべきです。スペースとして事業でしか使っていないことを反論するとよいでしょう。

（5）福利厚生費（慰安旅行など）

《検証》

一般的な企業では、福利厚生費は認められています。当然、個人事業主にも福利厚生費は認められます。しかし、これは従業員がいる場合に認められるものです。福利厚生は、企業が従業員のために提供する給与以外のサービスのことです。その目的は、職場環境を良くして、離職率を改善したり、優秀な人材を確保したりすることです。賃貸業では、通常、一人でやっているか、従業員がいたとしても、家族従業員のみでやっていることが多いです。

過去の判例で、青色事業専従者の配偶者と行った慰安旅行費用は、単なる家族旅行と認定されて、経費を否認された例がありました。家族以外の従業員がいないと経費計上は難しいでしょう。

《対策》

「今は従業員がいなくても、今後従業員を雇うことを考えている。そのために福利厚生を充実させて魅力のある事業（企業）にする必要がある。」と言うことで反論できなくはないです。

しかし、その後、従業員を雇っていなければ、その反論も言い訳になってしまいます。これは、法人経営をしていても同じです。私の見解は、「福利厚生費の計上はやめておいた方がよい」です。福利厚生費は、賃貸業ではかなり目立ちます。旅行代をいれるとなると、金額的にも目立ちます。

すると、税務調査での調査官の感情的に認めたくないと思ってしまうでしょう。たとえ、福利厚生費を否認できなくても、他で否認してやろうと思ってしまうものです。すると、より細かく経費を見られたり、通常認められる経費も指摘が入る可能性があります。その点からしても、福利厚生費を経費計上をする費用対効果は悪いと考えます。

(6) 資格取得費用

《検証》

例えば、大家さんが宅建を勉強する場合の研修費や試験費用は計上できるのでしょうか。資格取得のための費用については、所得税法基本通達37－24において次のように取り扱われています。

「業務を営む者又はその使用人（業務を営む者の親族でその業務に従事しているものを含む。）が当該業務の遂行に直接必要な技能又は知識の習得又は研修等を受けるために要する費用の額は、当該習得又は研修等のために通常必要とされるものに限り、必要経費に算入する」

直接業務に必要かどうかで判断がなされることになります。宅地建物取引士は、不動産の仲介や継続的な売買などの宅地建物取引業を行う場合に必要であり、賃貸経営だけを行う場合には直接必要な資格ではありません。

平成15年10月27日裁決において、弁護士が大学院に通う授業料等の必要経費を認めなかった事例で、次のような判断をしています。

「請求人の業務遂行上直接関係があり、かつ、通常必要な支出であるとまでいうことはできず、むしろ請求人が自己研鑽のために本件大学院に進んだものと認めるのが相当で、本件授業料等に係る支出は、事業所得を生ずべき業務について生じた費用と認めることはできないから、必要経費とすることはできない」

宅地建物取引士の資格が賃貸経営する上で直接必要といえない以上は、資格取得のための費用を経費に計上することは難しいです。

《対策》

賃貸経営の場合、直接業務に必要となる資格がないため、資格取得の費用を計上するのは難しいでしょう。ただし、資格取得のためではなく、業務をする上での知識の向上する目的で、本を購入したり、研修に参加する費用は、経費計上してもよいと個人的には考えています（受験費用はＮＧ）。

（7）通信費

《検証》

携帯電話やネットの接続料などの「通信費」も、まったくプライベートで使用しないことを証明することは難しく、支出額の全額を経費とするのは難しいでしょう。

《対策》

使用時間や通話時間など一定の基準のもとに「按分計算」を行うことが有効と思われます。

なお、プライベート用の他に、管理会社などとのやり取り用にもう一台携帯電話や固定電話を持つのも一つの方法かと思われます。そちらは完全に賃貸経営専用ということで必要経費として主張しやすくなります。ただし、実際の出費としては増えてしまう可能性が高いので注意が必要です。

(8) 書籍、新聞代

《検証》

書籍、新聞代も上記の「セミナー代」と同様の考え方ができるでしょう。書籍代のうち、あくまで「不動産経営」に直接関係のある分野に関しての支出なら必要経費に該当すると思われます。

《対策》

書籍については内容も明確であるため特別な対策は必要ないかと思われますが、書籍を処分することがある場合は念のため書籍の名前等を記録しておくと良いでしょう。

なお、新聞代についてはいわゆる「業界紙」などは経費と認められるかと思われますが、一般日刊紙のような、賃貸経営とは無関係の一般家庭で購読されているようなものは必要経費とは認められない可能性が高いといえます。ただし、賃貸経営を始めるにあたって「新しく」購読し始めたものならば、賃貸経営の開始と直接結びついた支出と主張することで、（多少難しいところですが）必要経費と認められる可能性もあります。

（9）スーツ代

《検証》

スーツ代をはじめとする被服費については、「必要経費」とするのは難しい出費といえるでしょう。普段の仕事でスーツを着用しない人でも、スーツを着る機会というのは日常に多く存在し、その使用を明確に区分するのは困難です。仮に「不動産屋や入居希望者と会うときに必要だ」と主張したとしても、その「必要」の判断は主観によるものであり、「直接必要」と言い切るのは難しいところでしょう。

《対策》

仮に物件の周囲の清掃や草刈りを自ら行うオーナーさんなら、被服費のうち「作業着」の購入費用は必要経費と認められる可能性があります。

ただし、この場合も、私服として転用できるようなものは難しいといえます。

スーツについては、普段の職場や私生活でスーツをまったく着用しない、という方で、かつそのスーツを「不動産経営に必要不可欠」という大きな理由がない限りは必要経費には該当しないものと思われます。

少々極端な話ですが、例えば、他の人が着ないような特徴的なスーツ姿で物件紹介のＨＰに載るなど、賃貸経営上の自分のトレードマークにしてしまえば必要経費と認められる可能性もあります。

⑽ スポーツカー（会社経営の場合）

《検証》

一般的にフェラーリなどの高級車は、事業用というよりも個人の趣味で乗車される傾向にあります。ですから、会社の経費にしたら、税務署からすぐに否認されてしまうとか、そもそも4ドアならいいけど2ドアの車は経費にならないとか言われる場合も多いわけです。

平成7年10月12日裁決において、フェラーリが損金になるかどうか税務署と争ったという事例があります。税務署側は、一般社会常識から見ても個人的趣味の範囲内のもので損金にならないと主張しましたが、結局、フェラーリが損金算入できるという納税者の主張が通りました。そこでの判断のポイントは次の通りでした。

①運行記録はないものの、交通費や通勤手当が支給されていないことや走行距離などから通勤や支店を巡回するために使用されたことが推認されること
②他に外国車3台を個人的に所有しており、それは会社の減価償却資産には計上していないこと

③個人的趣味で選定された外国製スポーツカータイプの乗用車であるとしても、事業の用に使用されていることが推認できる以上は資産として計上することを不相当とする理由は認められないこと

《対策》

事業用で使用されていることが明らかなのであれば、フェラーリでも損金になるといえます。

無用な争いを避ける意味でも、運行記録をつけるなど、事業でしか使用していないということがわかるような証拠を残しておくようにしましょう。

5．裁判になってしまうと

税務調査で指摘された経費について、納得できないからと反論しすぎるのはおすすめしません。税務調査で話が並行線になってしまうと、裁判で決着をつけることになります。過去の裁判例では、ことごとく納税者が負けています。裁判所は、税務署以上に不動産所得に係る経費の見方が厳しいのです。

一例を挙げてみます。

○車両費（租税公課、損害保険料、減価償却費）

不動産物件の取得のための現地調査について、いつ、どこの物件の調査を行ったかなどの具体的

内容を証拠上明らかにしていない。所有物件についても、不動産管理業者に管理を委託しており、物件の現況確認等のために車両を用いて現地を訪れなければならなかった事情は見当たらず、実際に現地確認等を行ったことがうかがえる証拠もない。

○住宅に係る経費（家賃、水道光熱費）

住宅のうち2部屋部分40㎡もの空間を、常時、事務所として使用して行うべき不動産所得に係る事務があったとは認められない。

○インターネット利用料及び電話代

取引の記録等に基づき、業務上必要であった部分を明らかにする証拠がない。

○その他経費（スーツ代、自転車代、コンタクトレンズ代など）

不動産賃貸業との関連性を示す証拠は何ら見当たらない。

○青色事業専従者給与

妻が行う電話の取次ぎや郵便物の発送及び受渡しは、社会通念上、夫婦の相互扶助の範囲内の行為あるいは日常生活の一環として行われている行為にすぎず、不動産事業に専ら従事していることを合理的に裏付ける証拠の提出はない。

かなり厳しい理由が記載されています。できる限り、税務調査の中で決着つけた方がよいでしょう。一部認めるところは認める。一部は認めてもらう、という姿勢の方が結果的には上手くいきます。

6．経費計上のチェックポイント

私が確定申告時にチェックする経費のポイントは3つあります。

①多額なもの

例えば、帳簿に「旅行代30万円」と記載があると一発でわかります。目につくのです。家族旅行ではないかと疑われる可能性が高いです。

②頻度が多いもの

交際費の中でもほぼ毎日のように居酒屋に行った領収書が計上されていると、単なる外食しているだけでは、と疑われてしまいます。

③感情的になりやすいもの

税務署の職員も人間です。

スーツやブランドもののバックなどを経費に入れていると、「さすがにこれは私物だろう」と思うものです。感情的に判断されやすくなります。

7. 税務調査で否認されにくい経費計上の方法

上記のチェックポイントに当てはめて、問題がありそうな経費は、次のような対処法を提案します。

(1) 怪しいものを除く

明らかに賃貸とは関係ないもの。説明できないものは、除いた方がよいでしょう。

(2) 説明できる準備をしておく

怪しまれても、説明ができて、正当な経費であれば、問題ありません。何のために、なぜ必要なのか、客観的な資料とともに用意しておく必要があります。

例えば、物件の視察のための旅費であれば、物件のチラシ、紹介してもらった不動産会社の名刺、実際に内見した写真、購入しなかった場合には、なぜ購入しなかったかのレポートなどを準備するとよいでしょう。

（3）家事使用分を控除する

プライベート部分も含まれているのであれば、家事使用分を按分して、その分を経費から除いていきます。

例えば、交際費に大量の飲み代を経費に入れている場合、そのうち50％がプライベートで使用しているということであれば、50％分を控除していきます。（やりすぎると、業務に明確に区分できない部分は経費にならないと、全額否認される可能性がありますので、ご注意ください）

税務調査になると、その手間や時間が取られて、さらに追加で税金が発生する可能性があります。確定申告を作る際から、税務調査にならないように、きちんと精査しておくのが得策です。

「いい節税策はないですか?」

税理士としてよく聞かれる質問です。

「税金を減らす方法ならいくらでもあります。しかし、それがあなたの経営にとって本当にいいものかどうかはわかりません。」

これが私の答えです。

つまり、何の目的で節税をするのかどうかを考えないと、経営に悪影響を及ぼす可能性があるのです。世の中で言われる節税のほとんどが、お金が出ていく節税です。税金は減るけれども、それ以上のお金も減るのです。

税金は積極的に払うべきだと言うつもりもありません。多くの方が払いたくないものと理解しています。

しかし、節税にとらわれてしまうことで、お金を失い経営が破綻することになれば本末転倒です。不動産投資の目的が変わってしまう人もいます。

当初は、「資産を○○円まで増やしたい、キャッシュフローを△△円までにしたい。」と言っていたにもかかわらず、いつの間にか、税金を減らすことに労力を使い出すのです。いつの間にか「お金を増やすゲーム」をやっていたのに、「税金を減らすゲーム」にすり替わっているのです。

税金を減らすゲームをしている人は、「節税で得した気持ちになりたい」という感情が先に出てしまいます。損得勘定ではなく、損得感情で判断をしているのです。感情に惑わされず、勘定で判断するためには、数値化することです。

有効な節税とは一体どんなものなのか？自分にとって最適な節税は何か？数字で判断してもらいたいのです。
そのためには、まず節税の本質を探らなければなりません。
私は節税の効果を3つのカテゴリーに分けました。

○割引効果
○繰延べ効果
○本当の節税

本当の節税とは、支出を伴わず、支払う税金を抑えるものです。これが理想の節税といえるでしょう。しかし、種類は多くありません。

例えば、法人化ですが、課税所得がある程度ないと効果がありません。全員に当てはまるものでもないのです。割引、繰延べの節税がダメな節税ということではありません。有効な使い方ができているかどうかが重要です。どのような場合で、どんな効果があることを知っておくことが節税を上手くできるかどうかなのです。

それぞれ次章以降で詳しく説明していきます。

節税	割引	支出を伴うもの （例）経費を使う	第4章
	繰延べ	税金の支払いを先送りするもの （例）短期前払払費用・（法人の場合の）保険の活用・買換え特例	第5章 第6章
	本当の節税	支出を伴わず、支払う税を抑えられるもの （例）法人化	第8章

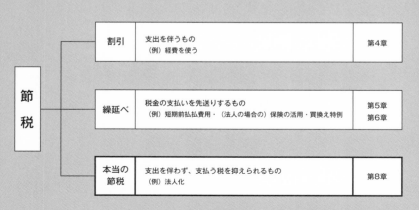

[第4章]

割引きとしての節税

1．税金が減って手残りも減る？

（1）経費を使う＝節税は本当か？

「経費を使えば節税になる」とよく聞きますが、それは本当でしょうか？　経費を増やして赤字にするほど、実際の収益は上がるのでしょうか？

まずは、具体例で考えてみましょう。「収入・支出・税金」だけを使い、経費を増減させて、手残り金額を比較してみます。

〈収入1000万円、支出（経費）500万円の場合〉

収入…………………1000万円
支出（経費）　………500万円
差引…………………500万円
税金…………………110万円
手残り………………390万円

〈収入1000万円、支出（経費）を700万円に増やした場合〉

収入…………1000万円
支出（経費）………700万円
差引……………300万円
税金……………50万円
手残り…………250万円

右記を見ると、経費を増やすことによって税金は110万円から50万円と、半額以上の60万円が減額されています。これだけに注目すると、「節税」が大幅にできたように思えます。では、手残りの金額はどうでしょうか。390万円から250万円へと、140万円も減っています。経費を増やすことで確かに税金を減らせることがわかりましたが、それ以上に手残りが大幅に減ってしまうことが判明しました。

では、なぜ手残りも減ってしまったのでしょうか。それは、支出（経費）はお金が100％出ていきますが、税金は100％は出ていかないからです。

所得税は5％～45％の間で、段階的に税率が適用されます。住民税は一律10％です。所得税・住民税を合わせると、15％～55％の税率で税金を払うことになります。もし、自分の税率が30％の場合、100万円を経費で使うと、30万円の税金が減ることになります。しかし、70万円は実際にお金が出ていっているのです。つまり、経費を使うことは、節税にはなりますが、「お金を残す」という意味での「本当の節税」にはならないということです。

（2）「節税」という言葉の魔力

実際にお金が出ていっていても、「節税」という言葉には不思議な魔力があり、「節税になりますよ」と言われた途端に、財布のヒモが緩んでしまう人は多いようです。「経費を使う」という目的があり、そのために支出をするなら問題ありません。しかし、「お金を残したい」「手残りを増やしたい」と考えるのであれば「経費の使いどころ」を間違えないことが重要です。

確かに、税金をたくさん払うと損をした気分になりがちですが、「ムダな経費を使うより税金をきちんと払った方が、手残りは多くなる」ということを理解しておきましょう。

まさに賃貸経営は「欲」との戦いです。「税金を払いたくないという欲」との戦いに打ち克たなければいけないのです。本当に資産家になりたいのであれば、出家するしかないかもしれません（笑）それほど、自己を律すること、己に打ち克つことが重要なのです。

（3）「割引効果」でしかない

経費を使うことによる節税は、「割引き」だと考えられます。つまり、税率分を割り引いた価格で物を購入できたり、サービスの提供を受けられたりするということです。

例えば、自分の税率が30％の場合、10万円のパソコンを経費で購入すると3万円税金が安くなるので、トータルで見ると7万円で購入できたと考えられます。

しかし、割引になるからといって、その経費が本当に価値のあるものでなければ意味はありません。「10万円するパソコンが7万円で購入できる。これはお買い得といえるのか？」という視点で判断するべきなのです。お買い得かどうかを判断するには、割引率（自分の税率）を知らないといけません。自分の割引率（税率）が15％なのか、30％なのかによって判断が変わると思います。

本当に必要な経費を見極める冷静な視点を持つことが大切です。必要ないものを、節税（割引き）と称して、お金を使ってしまうと、どんどんお金がなくなります。

2．戦略的な経費の使い方

誤解がないように補足しますと、「経費を使うな」と言っているわけではありません。経費を使うなら、どのくらい節税になるのか、その効果を把握した上で、戦略的に使うことが効果的です。

わかりづらいと思いますので、具体例で考えてみましょう。

《問題》

課税所得金額（所得控除後の所得で税率をかける前の所得）が１０００万円ある方がいます。経費を1年で３００万円使うのと、１年あたり１００万円を3年間使うのでは、どちらが税金上有利になるでしょうか？

支出する金額の合計は３００万円で同じです。１年間で支出するのと、３年に分けて支出するのと、支出するタイミングが違うだけです。

正解を見てみましょう。１年目～３年目にかかる所得税・住民税を出し、３年間の合計を比較しています。

３年間のトータルですと、（１）の合計が７３０万円、（２）の合計が７０８万円となります。

（２）の方が３年間トータルで22万円税金が安くなるのです。

支出した金額が同じなのに、なぜ税金が違うのでしょうか？

これは所得税が超過累進税率といって、所得税は５％～45％の間で、段階的に税率が適用されるからです。下図を見て頂けるとわかりやすいと思います。

９００万円を超える所得には33％の税率、６９５万円を超えて９００万円以下については23％の税率が適用されます。

（１）の１０００万円の所得から３００万円の経費を計上するということは、１０００万円から９００万円までの１００万円分の所得については33％の税率分が控除され、９００万円から７００万円までの２００万円分の所得については23％の税率分が控除されることになります。

(1) 1年間に300万円の経費計上をした場合

（単位：万円）

年数	1年目	2年目	3年目	合計
所得金額	1000	1000	1000	
経費	300			
差引所得金額	700	1000	1000	
所得税・住民税	170	280	280	730

(2) 1年あたり100万円の経費計上を3年間した場合

（単位：万円）

年数	1年目	2年目	3年目	合計
所得金額	1000	1000	1000	
経費	100	100	100	
差引所得金額	900	900	900	
所得税・住民税	236	236	236	708

差額	22

（2）の100万円の経費計上を3年間した場合は、1000万円から900万円までの100万円分の所得に係る33％の税率分控除されるのが3年間できることになるので、節税効果が高くなるのです。つまり、経費は高い税率から控除した方が、効果が高いのです。

　これがわかっていないと、一生懸命多くのお金をかけて税金を減らそうと思っても、結果的に低い税率分を削っている（節税効果が低い）ことがよく起こります。所得税のような超過累進税率の場合には、経費を分散させ、高い税率を削る方が、税金的にはトクになるのです。これを「経費の分散化」と私は言っています。

　ただし、1年に多額の経費をかけることが悪いということではありません。その年の税金が減ることになるため、資金繰りの面では、その方がよいということもあります（62頁の例では、1年目で約60万円低くなります）。そこは経営判断になります。ただ何も考えずに経費を計上するのは経営判断ではありません。

(1) 300万円経費計上の場合

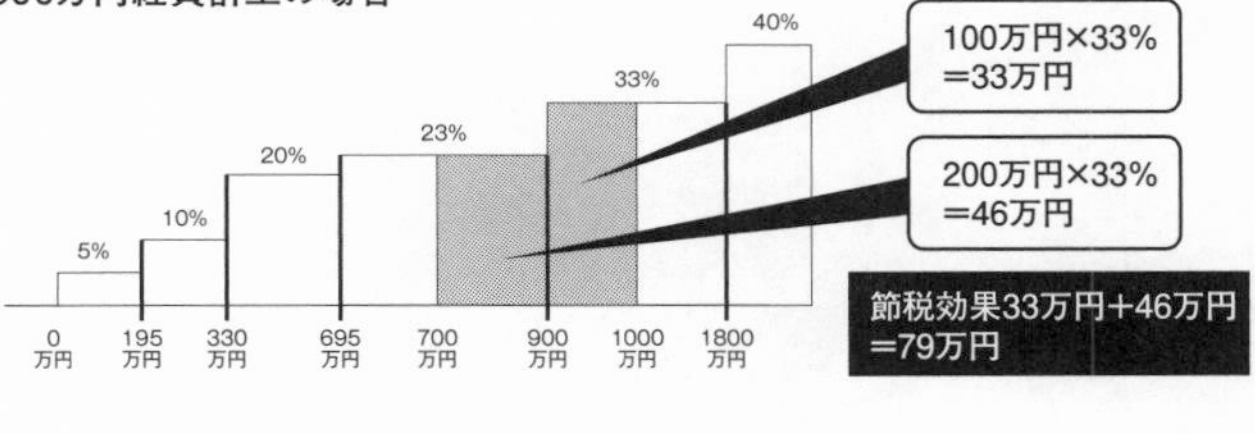

(2) 100万円経費計上を3年間した場合

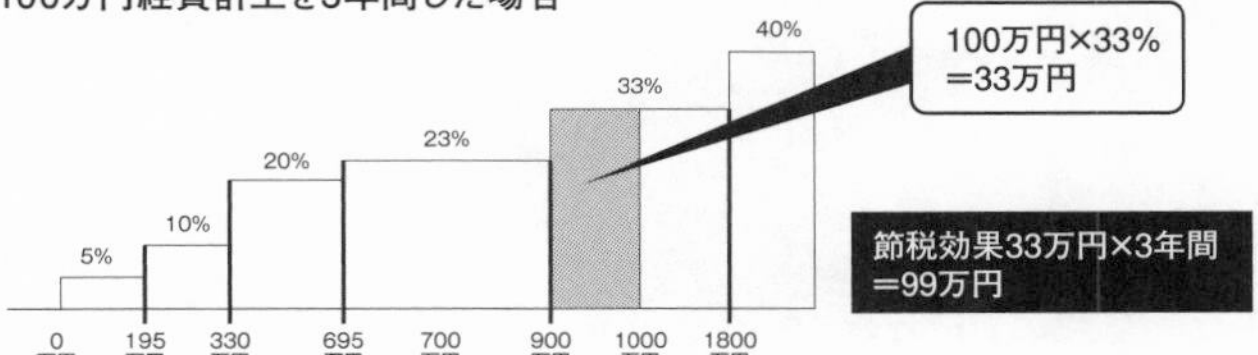

3．経費を使っても意味ないゾーン

せっかく支出した経費が無駄になっていることがあります。経費に計上しても意味がないし、それ以上経費をかけても節税にもならない状態になっているということです。これは決算書が黒字でも赤字でも両方ともありえます。

(1) 黒字の場合（青色申告特別控除）

青色申告をすることで、青色申告特別控除が受けられます。1室の賃貸からでも10万円の特別控除が受けられます。事業的規模（おおむね5棟10室以上）の賃貸経営をしている方は、複式簿記による帳簿をつけ一定の要件を満たすことで10万円に代えて、65万円の控除が認められます。10万円や65万円の支出がなく、経費として使ったのと同じ効果があるので、非常に大きな特典になります。

しかし、赤字の場合には、これらの特別控除が適用できません。10万円控除もしくは65万円の控除は、黒字の範囲内でしか控除ができないのです。

例えば、事業的規模の場合、不動産所得が60万円でているときに、経費を20万円使った場合と使わなかった場合で比較すると

《経費20万円使った場合》

60万円－20万円＝40万円（青色申告特別控除前所得）
40万円－40万円（青色申告特別控除）＝0円

《経費20万円を使わなかった場合》
60万円（青色申告特別控除前所得）－60万円（青色申告特別控除）＝0円

65万円控除は、黒字の範囲内しか控除できず、マイナスになることはないのです。青色申告特別控除前の所得が65万円以内であれば、いくらであっても、0円に集約されることになります。

(2) 赤字の場合（土地負債利子の損益通算の制限）

不動産所得が赤字になる場合には、給与などの他の所得と損益通算（相殺）することができます。しかし、不動産所得については、赤字になった場合には、「土地取得にかかる借入金の利子については、損益通算の対象にはならない」という規定があります。

土地の借入金の利子については経費にならないということではなく、経費にはなるけれど、赤字になった場合には、赤字分から土地の借入金の利子を控除した金額が、損益通算の対象になるということです。

例えば、不動産所得がマイナス100万円になった場合。経費計上した借入金の利息120万円のうち、土地にかかる利息が60万円だとすると、100万円－60万円＝40万円のみが損益通算の対象になります。
例えば、不動産所得がマイナス30万円、土地負債利子が60万円の場合、経費をさらに20万円使う場合と使わなかった場合で比較するとどうなるでしょうか？

《経費20万円使った場合》
△30万円－20万円＝△50万円（不動産所得）
損益通算の対象額
50万円－50万円（土地負債利子による制限）＝0円

《経費20万円を使わなかった場合》
△30万円（不動産所得）
損益通算の対象額
30万円－30万円（土地負債利子による制限）＝0円

つまり、不動産所得のマイナスが、土地負債利子60万円に達するまでは、損益通算の対象金額は0

円になるのです。損益通算ができないのであれば、その分経費が切り捨てになっていることと同じです。

(3) 経費を使っても意味ないゾーン

上記1の青色申告特別控除額と上記2の土地負債利子を合わせたのが下記の図になります。

例えば、事業的規模、土地負債利子が200万円の方であれば、不動産所得がプラス65万円～マイナス200万円の範囲内に収まった場合には、全て0円（確定申告書第1表の不動産所得の金額に記載される金額）になることになります。

この経費を使っても意味ないゾーンを事前に知っておくのと知らないのでは大違いになります。折角経費を使っても、使わなかったのと同じ結果になるのです。

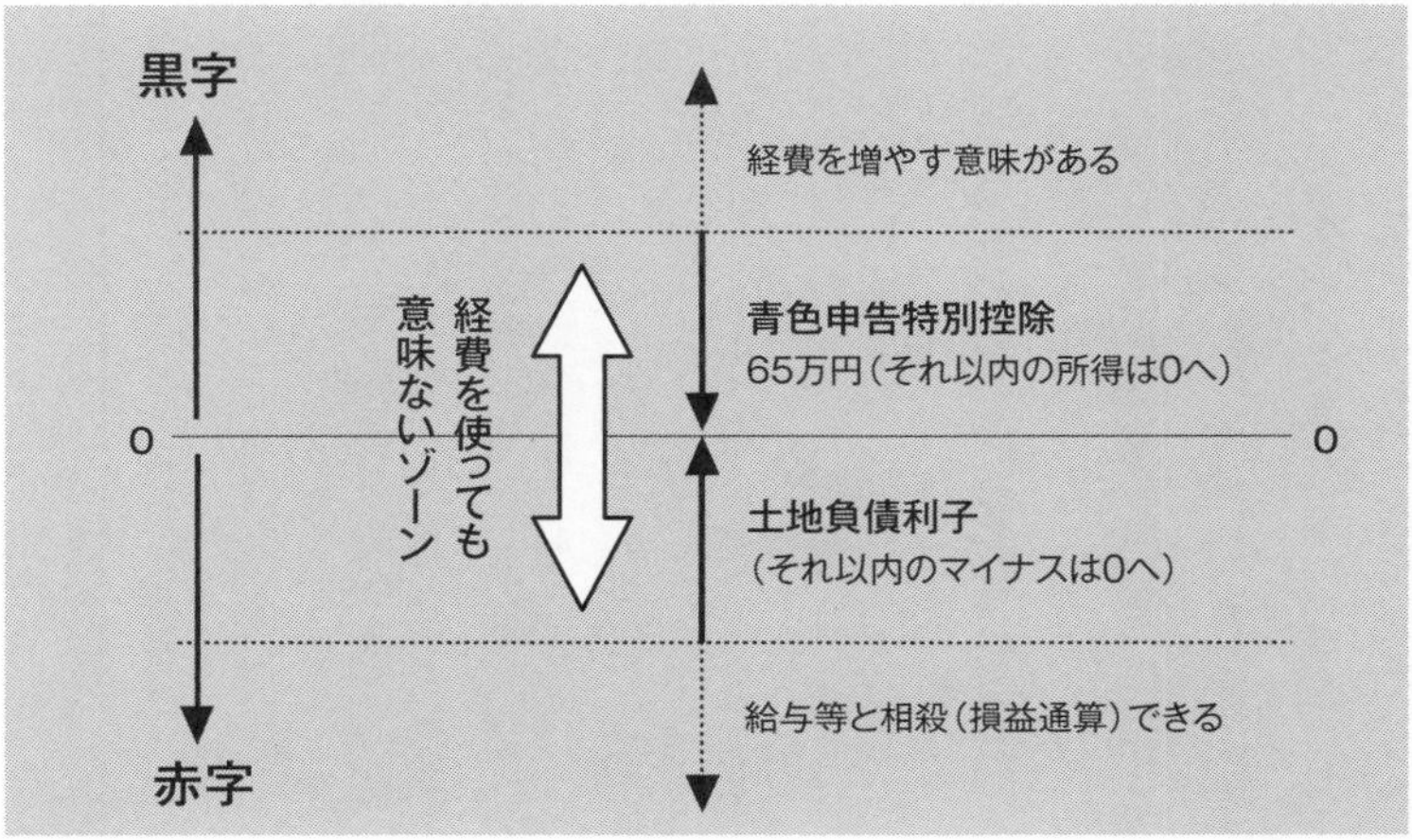

4．良い経費と悪い経費

（1）良い経費？　悪い経費？

私は経費の中には、「良い経費」と「悪い経費」があると考えています。経費を使うなら、良い経費を使いましょう。良い経費とは、次年度以降の収入につながる経費です。

大企業が、年度末に節税のために利用される経費は、「広告宣伝費」です。新聞広告、テレビCM、ネット広告を入れることで、多額の出費はしますが、認知度が高められ、その後に売上が増加する効果があるのです。

大家さんも同じように、満室につながる経費、物件のイメージアップになる支出をされるとよいと思います。

①設備導入で物件の価値を上げる

新たな設備を設置することで入居者を呼び込むためのウリになります。現状満室であっても、設備を導入することで退去防止につながります。

なお、10万円を超える設備は固定資産に計上するのが原則。しかし、青色申告者であれば、一個につき30万円未満の設備であれば、全額経費にすることができます（ただし、総額で300万円が限度）。30万円未満を意識すると節税になります。

（例）

○防犯カメラ、宅配ボックス、Ｗｉ－Ｆｉの設置

○収納棚の増設

○浴室乾燥機、ＴＶモニターフォンの設置

②募集の強化・見直し

空室がある方は、繁忙期に向けて募集ページを見直しましょう。とくに写真は募集において大事な要素です。写真が多いほどポータルサイトで上位表示される傾向にあるようです。

また、写真はプロに撮ってもらうと見栄えが全然違います。写真データがもらえれば、使いまわしができるのでお金をかけてプロにお願いする価値はあると思います。

（例）

○物件写真の撮り直し、ＨＰの作成

○管理会社にお歳暮を送る

○入居付けに協力してくれた仲介会社、管理会社の担当者を慰労する

③共用部分のイメージアップ

共用部が汚いと空室は埋まりません。空室の部屋ばかりにお金をかけてキレイにする方がいらっしゃいますが、入居希望者がまず見るべきところは共用部です。お金をかけてでもイメージアップをするべきと考えます。

（例）

・植栽を置く

・共用部分の清掃、共用部の飾り付け

など

すぐにでも実践できる清掃はおすすめです。

こちらもプロに頼んで徹底的にやりましょう。

年末間際になると料金が高くなる可能性があるので注意してください。

（2）悪い経費になってないか？

悪い経費とは、収入につながらない経費です。特定の経費が悪いというわけではありません。

例えば、交際費を例にすると、単なる飲み代であれば、自分が楽しいという効果は得られるかもしれませんが、お金が出ていくだけです。

しかし、情報交換、人脈づくりのための交際費であれば良い経費と言えるでしょう。お金が出ていく経費を使って、どんな効果が得られるかが大事なのです。

例えば、節税のために車を買うという方がいらっしゃいます。減価償却によって経費になったとしても、売却するときには収入になります。

税金の繰り延べの効果がありますが、一旦はお金が出ていきますので、単なる税金の先送りであれば意味がないことがあります。

税金を繰り延べる効果を使ってどうするのか？　そこまで考えないと悪い経費になります。

税金の繰り延べについては次章で解説していきます。

［第5章］

税金の繰り延べ

1．税金の繰り延べ

繰り延べとは、支払時期の先延ばしをする効果をいいます。つまり、今払うべき税金を先送りにするということです。税金の繰り延べの代表例として、短期前払費用があります。

短期前払費用は、所得税基本通達37－30に規定があります（以下、要約）。

○一定の契約に基づき継続的に役務の提供を受けるために支出した費用のうちその年12月31日においてまだ提供を受けていないもの（前払費用）を

○その支払った日から1年以内に提供を受ける役務に係るものを支払った場合において

○継続して、その支払った年分の必要経費に算入しているときは、これを認める。

例えば、火災保険（保険期間1年）を考えてみましょう。原則は、その年に対応する期間の保険料分のみを必要経費に計上することになります。

（例）3月1日に年12万円（年払い）の保険に加入した場合

3月から12月までの期間は10ヶ月になるため、期間按分で10ヶ月分の計算をします。

12万円×10月÷12月＝10万円

2万円は、翌年の期間に対応するため、翌年の経費に回されます。

翌年の3月に、継続して年払いの保険料を支払ったときには、3月から期間が開始されるため、その年の経費とする金額は、12万円×10月÷12月＝10万円と計算します。前年から繰り越された2万円がありますので、年間で経費にできる金額合計は、2万円＋10万円＝12万円になります。

これを、短期前払費用とすれば、1年目から、12万円を全額その年の必要経費にすることができるのです。この場合、毎年継続して適用することが条件となるため、翌年以降も全額必要経費にしなければいけません。

一見すると、得したように思いますが、この保険料を4年間掛けた場合（5年目の2月末で解約）を考えてみましょう。

〈原則の処理をした場合と、短期前払費用での処理をした場合の経費計上できる金額の比較〉

	1年目	2年目	3年目	4年目	5年目	合計
原則の処理	10万円	12万円	12万円	12万円	2万円	48万円
短期前払費用	12万円	12万円	12万円	12万円	0万円	48万円

1年目は短期前払費用の方が、2万円多く計上できますが、5年目は、2万円少なく計上されることになります。つまり、1年目で払わなくてよかった税金が、5年目に多く払うことになるということです。

さらに、トータルで経費にできる金額48万円というのは変わりません。支払っている金額の合計が48万円なので、当然です。これが税金の繰り延べです。

2. 保険の場合

もう一つ、税金の繰り延べの代表例として、（生命）保険がありました。もともと、個人で生命保険をかけていても、生命保険料控除では最大４万円の所得控除にしかなりません。会社で生命保険をかけると、保険の種類等によっては全額損金になるものもあったのです。

しかし、令和元年7月8日以後に契約する保険のうち、解約返戻率が最高50％超となる保険については、大部分が資産計上（経費にならない）しなければならなくなりました。その後も節税保険については規制がかかってしまったため、生命保険で節税は難しくなってしまいました。

しかし、税金の繰り延べの例としてわかりやすいので、節税ができた過去の生命保険の例で話をしたいと思います。

以前は節税になるからと保険の加入を過度に勧めるような内容がホームページでも紹介されているものがあったのです。実際に、私が見たホームページを紹介します。

（例）年間利益1000万円の会社の5年間

【節税対策をしていない会社】

1000万円（税引前利益）×36％（法人税の税率）×5年＝1800万円（税金）

内部留保（手残り）

1000万円×5年－1800万円（税金）＝3200万円

【節税対策をしている会社】※全額損金の保険料を1000万円（5年間）契約した場合…

0万円（税引前利益）×36％（法人税の税率）×5年＝0万円（税金）

内部留保（保険料）

1000万円×5年－0万円（税金）＝5000万円

と書いてありました。これだけ見ると、保険に入った方がよいのかと思ってしまいます。しかし、この続きには、このようなことが書いてありました。

5年後に返戻率80％の段階で、保険を解約した場合

4000万円の雑収入

保険に入ってなければ、手残りは、3200万円ですが、保険に入っていれば、4000万円が戻ってくるように思えます。

しかし、これは正しいのでしょうか? 雑収入4000万円は、収入なので、税金がかかります。

4000万円×36%＝1440万円（税金）
4000万円－1440万円＝2560万円（手残り）

が正解です。

保険に入っていない方が手残りが多くなっていることがおわかりでしょうか。保険料を払ったときには、税金を払わず、保険金を受け取ったときに、税金を払うことになり、税金を先送りにしていることになります。しかも、受け取るときは、払った金額よりも目減りすることがあるということに注意しなければなりません。

3.正しい繰り延べの方法

繰り延べが意味がないかというと、そうではありません。使い方によっては、有効なケースがあります。

例えば、毎年900万円所得がある人が、5年後に返戻率100％の500万円の保険（全額経費になるものと仮定）に入った場合を考えてみましょう。

保険に入った年は、所得が低くなるため税金が安くなりますが、5年後の解約時には所得が500万円増額されます。所得税は先にもご説明したように、所得が高くなるほど税率が上がるため（超過累進税率）、保険を解約した年には、所得が高くなることから税率も高くなり、高額な税金を支払うこととなります。6年間のトータルでは、高い税金になってしまい、これでは保険に入る意味がありません。

税金の繰り延べを、「所得をコントロールができるもの」と捉えると、節税が可能になります。所得は毎年一定額とは限らないため、所得が多い年に保険に加入し、所得が少ない年に解約して保険を受け取ることができれば、税率を均すことができるのです。それが節税につながります。

つまり、解約すると収入になるため、その収入になるタイミングを、所得が低くなる時点にもってくれれば、税率が上がらな

意味のない課税の繰延例

（単位：万円）

年数	1	2	3	4	5	6	合計
調整前所得	900	900	900	900	900	900	
繰延調整	−500					500	
課税所得	400	900	900	900	900	1400	
税金	79	237	237	237	237	455	1482

意味のある課税の繰延例

（単位：万円）

年数	1	2	3	4	5	6	合計
調整前所得	1400	900	900	900	900	400	
繰延調整	−500					500	
課税所得	900	900	900	900	900	900	
税金	237	237	237	237	237	237	1422

くすることが可能になります。

課税の繰り延べは、節税する時点（入口）よりも、収入になる時点（出口）を見極めることが大事なのです。

もう一つ、税金の繰り延べで、見落としがちなのは、資金が必要だということです。500万円の保険料が支出として一旦出ていくことになります。返ってくるのが5年後なので、500万円の資金が5年間寝てしまうことになります。500万円使って、いくら節税になったのか。

税金の繰り延べ（保険）を使った場合と使わなかった場合では、5年間で60万円の節税にしかなりません。果たしてこれは、本当に意味のある節税なのでしょうか？

保険料の500万円は、保険に加入している期間、全く使うことができません。5年もの期間500万円を寝かせておくよりも、もっと有効な活用法があったのではないか。

節税という言葉に惑わされず、税金の繰り延べをして、得なのかどうなのかを冷静に判断しなければなりません。

賃貸経営においても税金の繰り延べはしっかりと理解しておくべきです。なぜなら、税金の繰り延べの代表は、減価償却費なのですから。こちらは次章で解説していきます。


上記の例で、税金の繰り延べを使わなかったら？

（単位：万円）

年数	1	2	3	4	5	6	合計
調整前所得	1400	900	900	900	900	400	
繰延調整						500	
課税所得	1400	900	900	900	900	900	
税金	455	237	237	237	237	79	1482

［第6章］

減価償却は魔法の経費？

1. 減価償却は魔法の経費か？

減価償却は魔法の経費ではありません。よく減価償却は、支出のない経費と言われますが、支出はあります。減価償却を計上する年と、支出する年が異なることはありますが、支出を伴うことには変わりありません。

例えば、建物を考えてみてください。建物を建てるのに建築費を払っていると思います。借り入れで建築していれば、返済が後からやってきます。つまり、減価償却費とは、経費と支出のタイミングをズラすことができるものというのが正解です。

それであれば、経費を使うのと何が違うのでしょうか？

例えば、20万円の広告宣伝費を使うのと、1000万円の建物を購入するので比較すると、お金が出ていくのは一緒。経費にするタイミングが支出したときなのか、分割して経費にしていくかの違いです。

建物は「収益を生む」という考え方もありますが、広告宣伝費だって収益を生んでいる可能性はあります。

「減価償却は魔法の経費」という言葉は、米国から生まれたのではないかと推測します。海外の建物は、「価値が減らない」のです。築10年、築50年、築80年でも、それほど建物の価値は下がらないのです。5000万円の建物を減価償却して、耐用年数の期間で経費として使い切ったとしても、売却したときに5000万円で売却できる可能性があるのです。

経費として使い切っても、価値が残る。これが魔法の経費の正体と思います。

しかし、日本ではどうでしょうか？日本では、年数に応じて建物の価値が下がります。法定耐用年数を過ぎた建物は、金融機関も価値をみてくれません。

もし購入した金額以上で売却できたとしても、それは土地の値上り益なのです。土地の値段が上がったものを、建物の価値が減っていないと誤解しているのです。

高級車など、一部価値が下がらない資産もあります。これらの減価償却費については魔法の経費と言えるでしょう。

しかし、建物については、魔法の経費とは言えないのではないでしょうか。減価償却も、実は税金の繰り延べでしかありません。

2.減価償却の正体

「減価償却が終わってから、建物を法人に売却すれば、その法人で新たに減価償却が計上できるようになりますか？」減価償却がなくなっても、自分の法人へ売却すれば、減価償却が再度計上できるのではないか。それが可能なら、減価償却が終わった都度、法人に売却することで、永久に減価償却ができるようになるのではないかと期待するわけです。

結論から申し上げると、法人で減価償却はできるようになります。しかし、個人から法人に売却するときに、譲渡税がかかってきます。（前提として、個人から法人に売却する売却金額は、時価でなければなりませんが）

具体例で考えてみます。

500万円で購入した建物（住宅用）を6年間減価償却をし、未償却残高（簿価）が1円になっている。この建物を法人に500万円（時価）で売却した場合にかかる費用と節税効果はいくらなのか。（この建物の固定資産税評価額は300万円とします。）

《個人が払う譲渡所得税・住民税》

500万円－25万円（※）＝475万円

475万円×20・315％（長期譲渡税率）＝約97万円

（※）譲渡収入×5％が、取得費よりも高い場合は、譲渡収入×5％を取得費として使用することが可能です。

《法人が払う登録免許税・不動産取得税》

300万円×2％＝6万円（登録免許税）　司法書士手数料5万円　合計11万円

300万円×3％＝9万円（不動産取得税）

移転にかかるコスト＝約97万円＋11万円＋9万円＝約117万円
移転するために117万円かかることになります。

次に、法人で減価償却が500万円取れることになりますが、その節税効果はどのくらいか計算してみます。

《法人が500万円の減価償却を取った場合の節税効果》
500万円×約23・2％（※）＝約116万円
（※）中小法人の所得400万円超800万円以下の実効税率

116万円－117万円の差額の1万円が損になります。減価償却が取れても、支出の方が上回ってしまうことがあります。減価償却は、保有している場合に経費となりますが、売却した場合には、利益となります。

下図のように、保有と売却でオモテウラの関係になっているということです。減価償却の効果は、税金の繰り延べ（先送り）でしかないのです。

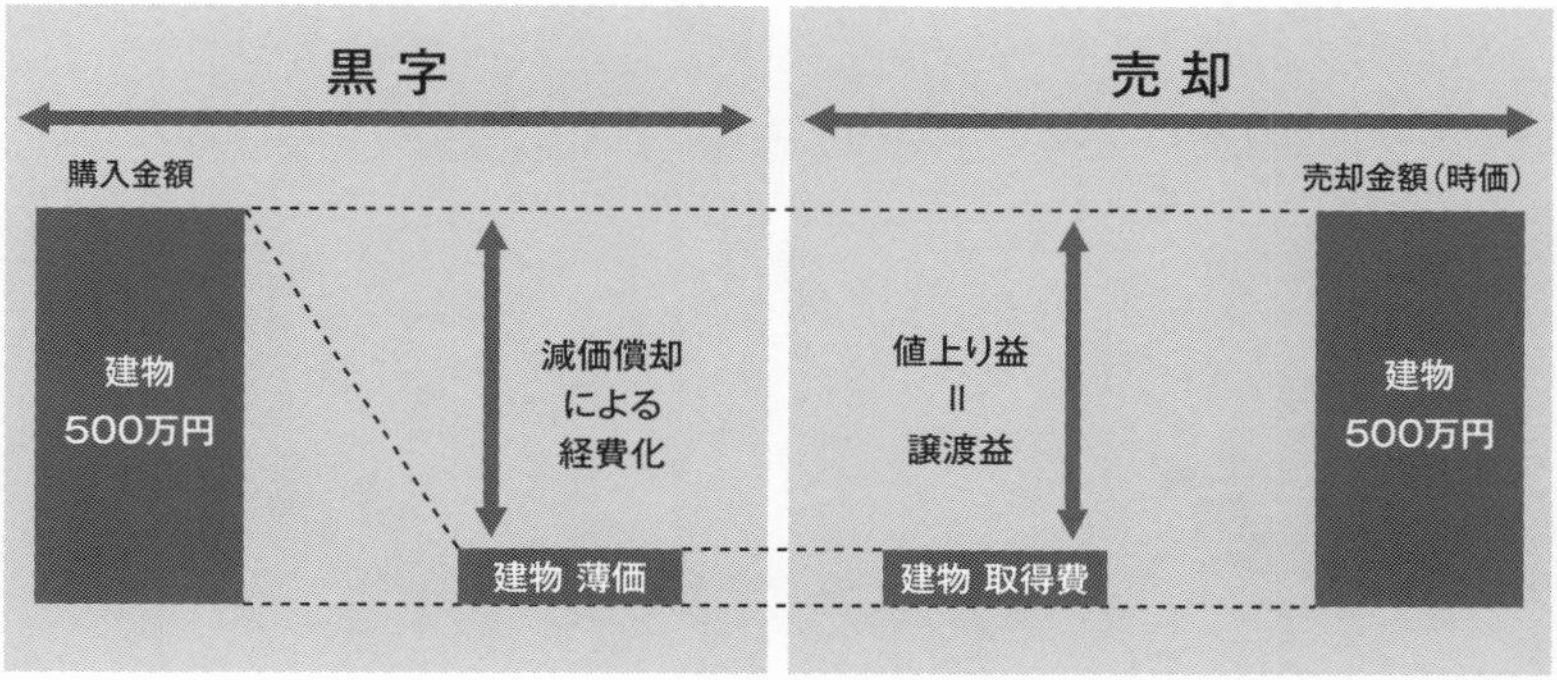

3. 減価償却をコントロールする方法

減価償却は大きく取ればよいというわけではありません。とくに、第4章の経費を使っても意味ないゾーンを意識して、減価償却を大きく取り過ぎずバランスのよい金額にコントロールする必要があるのです。

減価償却はどうやってコントロールすればよいのでしょうか。コントロールの方法は2つだけしかありません。

◯購入時の建物金額
◯耐用年数

(1) 購入時の建物金額をコントロールする方法

①売買契約書に土地建物金額の内訳を記載する。

売買契約書に建物金額を明記しておけば、原則として、その金額が建物金額と認められます。建物金額をいくらでも計上してしまってよいのでしょうか? いくらでも可能であれば、それを利用して、建物金額を大きく売買契約書に記載するように売主さんに交渉すればよいことになります。

どのような場合でも売買契約書に記載される建物金額が認められるのでしょうか? 税務署と争った2つの事例をみてみましょう。

まずは、売買契約書の価格が認められた平成20年5月8日の裁決事例です。そこで以下のような判断がなされました。

「土地及び建物を一括取得した場合の建物の取得価額については、売買契約書において土地建物の売買価額の総額とともに、内訳として土地、建物それぞれの価額が記載されている場合には、契約当事者が通謀して租税回避の意思や脱税目的等の下に、故意に実体と異なる内容を契約書に表示したなどの特段の事情が認められない限り、当該契約書における記載内容どおりの契約意思の下に契約が成立したものと認められるから、その価額に特段不合理な点が認められない限り、契約当事者双方の契約意思が表示された当該契約書記載の建物の価額によるのが相当である」

その判断に至った事実認定は、

○契約当事者として契約書に記載された内容で合意し、契約の締結に至ったものと認められ、両者の間に、同族会社であるなど特殊な利害関係あるいは租税回避の意思や脱税目的等の下に故意に実体と異なる内容を契約書に表示したなどの事情は認められないこと

○本件契約書に記載された建物の価額は、売主が不動産売買の仲介業者に売却価額の査定を依頼し、その報告書を参考に決定したものであって、審判所の調査によっても特段不合理なものとは認められないこと

○建物の価額が明記されていることから、当事者の契約意思は明らかである上、建物に係る固定資産税評価額を下回っているものの、内訳の価額が決定された経緯からみても特段不合理なものであるとは認められないから、建物の取得価額は、当該価額によるべきであり、固定資産税評価額の価額比であん分する方法によることは相当でないこと

原則は、契約書に建物の価額が明記されていれば、当事者の契約意思として、その価額が建物金額になります。

しかし、例外として、

①契約当事者が通謀して租税回避の意思や脱税目的等の下に、故意に実体と異なる内容を契約書に表示した場合

②その価額に特段不合理な点が認められる場合

などには、その価額が認められないことがあるということになります。

次に、売買契約書の建物価額が否認された事例として、平成20年8月6日那覇地方裁判所の判例があります。ここでは、2件の土地建物の購入がありました。

ひとつは、売買代金約1億2400万円で、土地代金6500万円、建物代金5900万円。

もうひとつは、売買代金６０００万円で、土地代金３６００万円、建物２４００万円と記載されていた事例です。

一見、それほど極端な建物金額ではなさそうな金額ではありますが、契約書の土地及び建物価額の割り付けは、客観的な価値と比較して著しく不合理なものと認められると判断されました。

その判断に至った事実認定は、

○昭和36年、昭和39年に建築された建物で、売主が平成2年に購入してから利用しておらず、売買契約締結時には、電気の供給が停止されており、その後も供給が再開されることはなかったこと

○売主は建物が古くなりすぎて土地と区別して値段を付けれられるものとは考えておらず、逆に、建物の取壊し費用がかかるため、土地の値段が安くされると思っていたこと

○売主は、契約の際、総額いくらで売れればよいと考えており、土地と建物の値段については考えたことはなく、契約書に記載されている土地と建物の値段及びその算定根拠については分からない旨申述していること

○買主は、契約の交渉は、仲介人とのみ行っており、売主と会っておらず、売主は、仲介人の言われるとおりに契約を了解していること

ここでのポイントは、売買契約書に建物金額が記載されていても、建物の状況から見て、価額が不合理であり、かつ、建物価額について、売主との価額の合意が取れていないことが発覚したことにあると思われます。

価格が不合理ではなく、売主との合意が取れていれば、売買契約書の金額が認められるということになります。

(2) 売買契約書に土地建物金額の内訳を記載できない場合

売買契約前に事前に土地建物の内訳金額を入れられればよいのですが、現実は簡単ではありません。なぜなら買主と売主の利益が相反するからです。売主が消費税の課税事業者の場合には、建物の売却金額が課税取引になるのです。つまり、売主にとっては、建物の金額が大きくなるということは、消費税の負担が増えてしまうことになります。

売主は消費税の負担を抑えるために建物金額を小さくしたいという思いがあるのです。無理に交渉して売買契約が破談してしまうのは、本末転倒かと思います。そのため売主と買主の折り合いをつけるために、売買契約書に内訳を入れないことが多いのです。

では内訳がない場合にはどのように土地・建物を区分すればよいのでしょうか? 税務上は、次の順番で区分することになっています。

①売買契約書上に消費税の金額がある場合

消費税は建物のみにしか課税されません。したがって契約書に記載されている消費税は建物に係る消費税といえます。その消費税から建物金額を割り出していきます。

（例）

６０００万円（うち消費税２００万円）

２０００万円÷０・１（消費税10％）＝２０００万円

２０００万円＋２００万円＝２２００万円（建物価額）

６０００万円－２２００万円＝３８００万円（土地価額）

②売買契約書上に消費税の金額がない場合

時価の割合によって区分することになります。建物金額を直接算出する直接法、土地金額を算出して全体の金額から差し引いて建物金額を計算する差引法、ある方法で算出した土地と建物の価額の比率で売買金額を分ける按分法があります。

平成13年12月14日福岡地裁の判決では、

○直接法は、売主の利益が考慮されず過小に評価されるおそれがある

○差引法は、土地の価額に売主の利益や販売手数料が反映されなければ、建物価額にこれらが転嫁されることになり、過大に評価されるおそれがある。公示価額から土地の評価額を算出しても、一応の合理性を有するが、いわゆる売り進みや買い進みといった個別の取引事情はまで反映することはできない点で限界がある。

○按分法は、土地と建物の双方に利益が反映されることになり、土地と建物を一体として販売する取引の実態に合致し、最も合理的と考えられる。

と判断しています。

したがって、右記の按分法で計算することが安全と言えるでしょう。

先の裁判でも「同一の公的機関が同一時期に合理的な評価基準で評価した固定資産税評価額による土地及建物の価額比で代金総額を按分する方法は合理的である」としています。ですので実務上は、固定資産税評価額で按分することが多いです。しかし、固定資産税評価額を使うことにも少なからず問題があると考えます。なぜならば、土地の固定資産税評価額は公示価格の7割程度を目安

に評価されていると言われています。

一方、建物は構造によりますが、建築費の4割～6割程度で評価されていると言われています。そもそも建物の方が、評価が少なくなる設計になっているのです。固定資産税評価額の比率で按分することで、建物が小さくなってしまうことになるのです。

そこで、建物金額を大きくしたいのであれば、不動産鑑定士に土地・建物・附属設備の金額を算出してもらい、その金額で按分することがよいでしょう。

正式な鑑定評価では費用が高くなるため、土地建物を区分するために使用するだけの簡易鑑定であれば費用が抑えられることがあります。

4. 耐用年数をコントロールする方法

(1) 簡便法

中古の耐用年数を計算するときに、よく使われるのは、次の簡便法と呼ばれる算式です。

中古の耐用年数＝法定耐用年数－（経過年数×0・8）
（注1）計算結果が1年未満の端数が出た場合には、1年未満切り捨て
（注2）税法の規定では、「中古の耐用年数＝（法定耐用年数－経過年数）＋経過年数×0・2」となっていますが、計算結果は同じになります。
（注3）経過年数が法定耐用年数を超えている場合には、次の算式になります。

法定耐用年数×0・2＝耐用年数（1年未満切捨）

（具体例）

○築30年の鉄筋コンクリートの居住用マンション

47年－（30年×0・8）＝23年

∴23年で償却

○築25年の木造の居住用アパート

22年（法定耐用年数）＜25年（経過年数）

22年×0・2＝4年（1年未満切捨）

∴4年で償却

築年数が経っていれば、短い期間で償却することが可能になります。しかし、短い期間で償却すると、償却が終わった途端に大きく所得が出て、高い税金が課税されることになります。

また、将来、売却する際に、譲渡所得の計算上、減価償却によって経費にした金額は、取得費（売却金額から控除されるもの）から除かれるため、譲渡の税金が高くなることがあります。

減価償却は早く償却すればよいというわけではなく、出口戦略を見据えて短く償却した方がよいのか、長く償却を取った方がよいのか判断しなければなりません。

（2）簡便法以外の方法

①法定耐用年数を使う。

「中古の固定資産を取得した場合には、その資産の法定耐用年数によらずに、購入した中古資産の取得の時以後の使用可能期間の年数を耐用年数とすることができる」とされています。つまり、中古の耐用年数を使うことが「できる」のであって、原則は、法定耐用年数を使用します。ですから、中古であっても、法定耐用年数を使用することには問題はありません。しかし、法定耐用年数では、償却期間が長すぎることもあります。

②見積法を使う。

中古の耐用年数は、使用可能期間として見積もられる年数を使うのが原則です。見積もるのが難しい場合には、例外的に、簡便法を使用できることになります。大抵は、見積もることが難しいので、簡便法による算式を使うのが一般的になっています。ですから、使用可能期間として見積もれるのであれば、2年でも5年でも10年でも償却することができます。

しかし、税務署から後から否認されないように根拠ある年数でなければいけません。勝手に決めることはリスクがあります。できれば第三者（専門家など）の鑑定書や意見書などの証拠があることが望ましいです。

具体的には、不動産鑑定士やインスペクターにお願いするのが一般的です。多少費用はかかりますが、減価償却をコントロールしたい場合には、オススメです。

［第7章］

デッドクロスを正しく恐れる

1.デッドクロスとは？

年間の減価償却費よりも元本返済額が大きくなる時を、デッドクロスといいます。

年間の減価償却費 ＜ 年間の元本返済額

支出が経費よりも多くなることで、税金の負担が増え、手残りが少なくなる時期です。

手残りがマイナスとなる可能性も出てきます。

減価償却とは、支出と経費のズレを生じさせるものです。このズレが、デッドクロスを引き起こす要因になるのです。

デッドクロス

キャッシュフロー

収入		1000
支出	利息	50
	元本	350
	その他	100
	合計	500
差引		500
税金		205
手残り		295

＞

所得計算

収入		1000
経費	利息	50
	減価償却費	50
	その他	100
	合計	200
所得		800
税金		205

負担額が大きく手残りが少なくなる

デッドクロスをグラフで見てみましょう。

（例）借入金3億円（返済期間35年、金利3％）

内訳
建物２億１０００万円（耐用年数47年）
附属設備９０００万円（耐用年数15年）

●・・・減価償却費
▲・・・元本返済金額

15年目あたりでクロスしているのがわかります。この時期が資金繰りが厳しくなる時期になります。

減価償却費は、その年に支出がなく、経費になるもの。元本返済額は、その年に支出があるにもかかわらず、経費にならないもの。相反する性質のものです。

デッドクロスになる時点から、『経費＜支出』となることから、税金が高くなって資金繰りが苦しくなるのです。

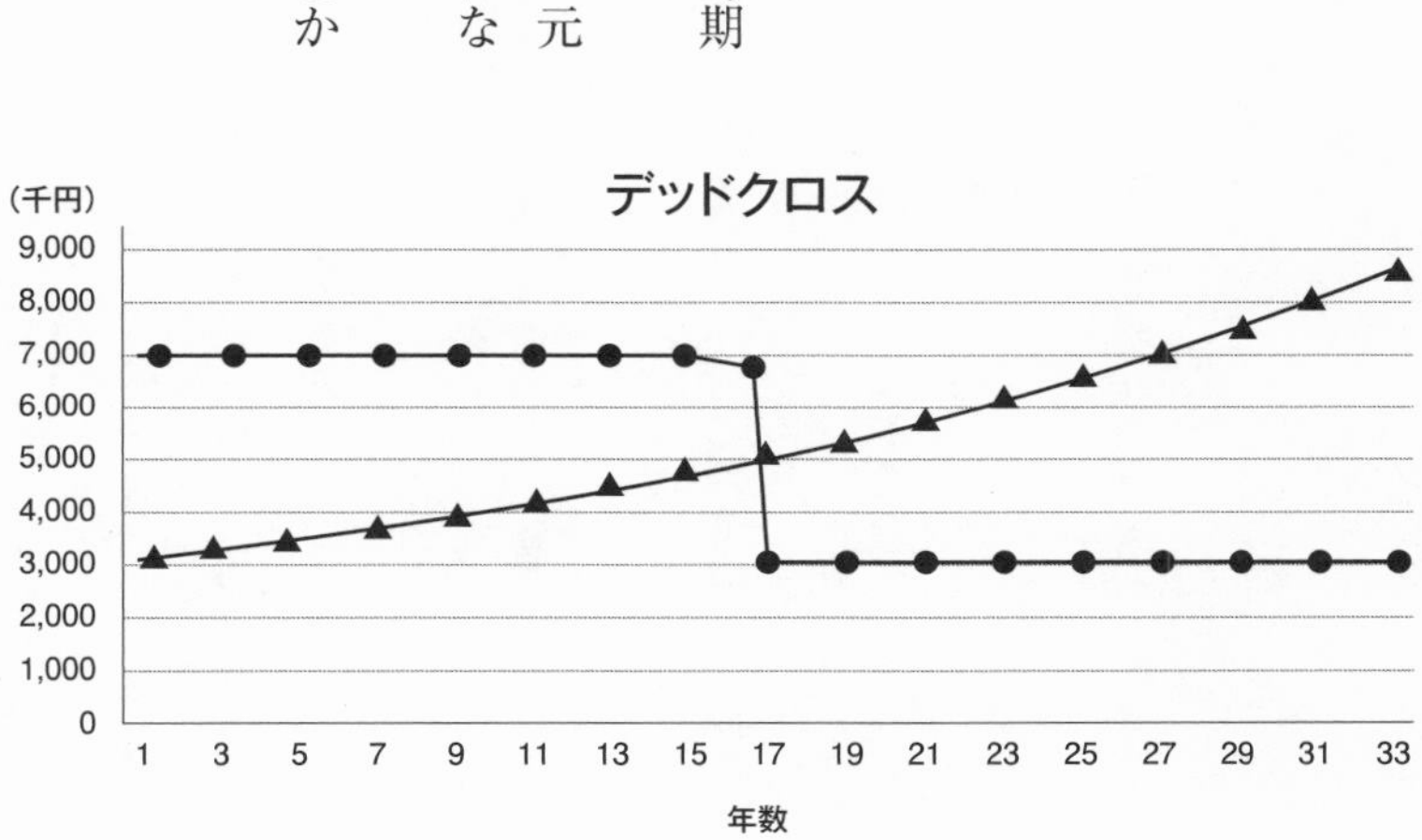

2.デッドクロスの間違った対策

私はこのデッドクロスの算式だけを見るのはキケンと考えています。なぜなら、この算式に振り回されて間違った対策をしている方が多いからです。デッドクロスばかり目がいくと、間違った対策をしてしまうこともあります。

一般的にデッドクロス対策として紹介されている例を基に検証していきます。

（1）［検証①］繰り上げ返済をする

繰上げ返済のうち、融資期間はそのままで、月々の返済額を下げる方法を取ることで、年間の元本返済額が減るため、デッドクロスが回避されます。

しかし、そもそも繰り上げ返済するお金があるのか疑問です。もし、お金があるなら資金繰りに困っていないし、あえて繰り上げ返済をする必要があるのかを考えなければなりません。低金利の借入金返済をするよりも、物件に投資した方がよいかもしれません。

間違った対策とまでは言えませんが、費用をかけてまで繰上げ返済する必要があるかということです。

（2）［検証②］借入期間を延ばす（リスケをする）

金融機関にお願いして融資期間を延ばしてもらえれば、月々の返済額は減ります。たしかに、デッドクロス対策としては有効です。しかし、デメリットがあります。リスケは、当初の返済期間の約束を守れないことであり、金融機関の格付けが下がる要素になります。格付けが下がると、金利が上がったり、次の融資ができなくなる可能性があります。

これを回避するためには、他の金融機関で借り換えるのと同時に融資期間を延ばしてもらう交渉をすることです。新規の借り入れであれば、格付けに影響することはありません。

ただし、借り換えの費用（登記費用や融資手数料など）が多額になる可能性があります。費用をかけてまでデッドクロス対策をしなければならないのか（立ち行かない状況なのか）判断が必要です。こちらも間違った対策ではありませんが、最終手段ではないかと思っています。

（3）［検証③］減価償却費を多く取れる資産を購入する

デッドクロスになる原因が、減価償却費が少なくなることにあると考えての対策かと思います。しかし、減価償却資産を購入して経費を増やしても、支出が増えることを忘れてはなりません。

例えば、減価償却を増やすために高級車を購入したとしましょう。減価償却は増えますが、購入代金は出ていきます（ローンであっても）。資金がある人であれば問題ないですが、資金がない人はやらないはずです。そこで収入も得ようと、築古の物件を購入してしまうのです。「節税のために、減価償却が多く取れる築古の木造アパート購入する」これが本当にデッドクロス対策になるのでしょうか？

具体例で考えてみましょう。

《前提条件》

給与収入800万円

購入金額1億円（建物5000万円、土地5000万円）、木造築25年

借入金1億円（金利3・5％、返済期間20年、元利均等返済）

年間家賃収入800万円

ポイントは、法定耐用年数を超えている木造という点です。住宅用の木造アパートの法定耐用年数は22年です。築25年のため、法定耐用年数を超えています。中古物件の場合、次のような簡便法により算定した年数を耐用年数とすることができます。

中古物件の耐用年数＝法定耐用年数－経過年数×0.8

※経過年数が法定耐用年数を超えている場合は、次の算式

法定耐用年数×0.2＝中古物件の耐用年数（1年未満切捨て）

簡便法によると耐用年数は4年になります。つまり、5000万円を4年で減価償却できるため、年間1250万円の経費を4年間計上できるのです。

【不動産購入前】デッドクロスの状態（経過年数21年目）

（単位：万円）

所得計算	経過年数	21	22	23	24	25	26	27	28	29	30
	家賃収入	2,000	2,000	2,000	2,000	2,000	2,000	2,000	2,000	2,000	2,000
	租税公課	200	200	200	200	200	200	200	200	200	200
	支払利息	326	308	289	270	250	229	208	186	164	141
	減価償却（建物）	308	308	308	308	308	308	308	308	308	308
	減価償却（附属設備）										
	修繕費その他	160	160	160	160	160	200	200	200	200	200
	諸経費	160	160	160	160	160	200	200	200	200	200
	青給・特別控除	65	65	65	65	65	65	65	65	65	65
	不動産所得	781	799	818	837	857	798	819	841	863	886
	他の所得	600	600	600	600	600	600	600	600	600	600
	所得控除	200	200	200	200	200	200	200	200	200	200
	課税所得	1,181	1,199	1,218	1,237	1,257	1,198	1,219	1,241	1,263	1,286

キャッシュフロー計算	収入	2,000	2,000	2,000	2,000	2,000	2,000	2,000	2,000	2,000	2,000
	租税公課	200	200	200	200	200	200	200	200	200	200
	借入返済（元本＋利息）	923	923	923	923	923	923	923	923	923	923
	修繕費	160	160	160	160	160	200	200	200	200	200
	諸経費	160	160	160	160	160	200	200	200	200	200
	税金（所得税・住民税）	359	367	375	383	392	366	375	385	395	405
	他の所得税金	78	78	78	78	78	78	78	78	78	78
	生活費その他	300	300	300	300	300	300	300	300	300	300
	手残り	(180)	(188)	(196)	(204)	(213)	(267)	(276)	(286)	(296)	(306)
	手残り累計	(180)	(368)	(564)	(768)	(981)	(1,248)	(1,524)	(1,810)	(2,106)	(2,412)

【不動産購入後】

（単位：万円）

所得計算	経過年数	21	22	23	24	25	26	27	28	29	30
	家賃収入	2,800	2,800	2,800	2,800	2,800	2,800	2,800	2,800	2,800	2,800
	租税公課	200	200	200	200	200	200	200	200	200	200
	支払利息	676	639	607	575	541	506	470	432	394	355
	減価償却（建物）	1,558	1,558	1,558	1,558	308	308	308	308	308	308
	減価償却（附属設備）										
	修繕費その他	160	160	160	160	160	200	200	200	200	200
	諸経費	660	360	360	360	360	400	400	400	400	400
	青給・特別控除	0	0	0	0	65	65	65	65	65	65
	不動産所得	(454)	(117)	(85)	(53)	1,166	1,121	1,157	1,195	1,233	1,271
	他の所得	600	600	600	600	600	600	600	600	600	600
	所得控除	200	200	200	200	200	200	200	200	200	200
	課税所得	121	400	400	400	1,566	1,521	1.557	1.595	1,633	1,672

キャッシュフロー計算	収入	2,800	2,800	2,800	2,800	2,800	2,800	2,800	2,800	2,800	2,800
	租税公課	200	200	200	200	200	200	200	200	200	200
	借入返済（元本＋利息）	1,618	1,618	1,618	1,618	1,618	1,618	1,618	1,618	1,618	1,618
	修繕費	160	160	160	160	160	200	200	200	200	200
	諸経費	660	360	360	360	360	400	400	400	400	400
	税金（所得税・住民税）	18	78	78	78	527	507	523	540	556	573
	他の所得税金	78	78	78	78	78	78	78	78	78	78
	生活費その他	300	300	300	300	300	300	300	300	300	300
	手残り	(234)	6	6	6	(443)	(503)	(519)	(536)	(552)	(569)
	手残り累計	(234)	(228)	(222)	(216)	(659)	(1,162)	(1,681)	(2,217)	(2,769)	(3,338)

103頁の図の下段にあるキャッシュフロー計算の下から2番目の「手残り」に注目してください。手残りが大きくマイナスになっているのがわかるかと思います。

新規物件の収入が年間800万円増えますが、減価償却が年間1250万円増えるため、税金が抑えられることから、物件購入後4年間はキャッシュフローがプラスになっています。（物件購入年は、諸費用が多くかかることから、キャッシュフローはマイナスになっています。）

しかし、減価償却が終わる5年目以降は一気に税金が増加しています。結局は減価償却によってデッドクロスを先送りにしているだけのことです。しかも、5年目以降は、キャッシュフローのマイナスが、購入前と比べて、大きくマイナスになっています。

これは、新規物件の収入が増えて、減価償却である経費がなくなったため、所得が大幅に増え、大きな税金が課税されることになるからです。経過年数30年目の手残り累計を比較すると、物件購入前は、マイナス2412万円に対し、物件購入後は、マイナス3338万円。物件購入した方が、より、キャッシュフローは悪化することになります。

つまり、このようなデッドクロス対策は、単なる延命措置でしかならず、根本的な解決にはならないということです。減価償却は、税金の繰り延べ（先送り）にしかならないことをご理解ください。

3.正しいデッドクロス対策

デッドクロスの判断が返済額と減価償却費のため、そこしか見ていないことが原因です。対策の本質を見ていないからなのです。

デッドクロスの問題点は、税金の負担が増えることによるキャッシュフローの悪化です。キャッシュフローがマイナスになれば、借入の返済ができなくなるなど支障がでます。デッドクロスになってもキャッシュフローがマイナスにならないことも多々あります。事業計画をもとにデッドクロスになったとしても、キャッシュフローがマイナスにならないかを確認することが大事です。そして、マイナスになるのであればそこに対策を打つ必要があるのです。

正しいデッドクロスの対策を挙げておきます。

①法人化など支出のない節税策

支出を伴う節税策は手残りが減ってしまいます。支出を伴わない節税策の代表例が法人化です。

②無駄な経費を減らすなどの経費削減

税金は増えますが、手残りは増えます。

③空室をなくして収入を上げる

税金は増えますが、手残りは増えます。

④物件を入れ替える

物件を売却して、築浅の物件に入れ替える

⑤借り換えに伴って返済期間を延ばす

コストをかけてでもメリットがでるかどうか

中には税金が増えるものもありますが、キャッシュが増えれば問題がないのです。

4. なぜ誤った対策をしてしまうのか？

デッドクロスという言葉は、将来の資金繰りが悪くなることを伝えるためには、不動産投資家に対して最大の貢献したと思います。しかし、減価償却費と借入金元本返済額しか見なくなるというデメリットがあります。賃貸経営の問題点を減価償却費と元本返済額のみに求めてしまうことで、間違った対策をしてしまうのだと思います。

誤った対策をしないためにも、デッドクロスと一緒に見てもらい指標を考えました。ひとつは、エンジェルクロスです。デッドクロスは名前が悪いイメージを抱きやすいので、希望を与える指標として名付けました。

キャッシュフローの累計（手残り累計）と借入金の残債を比較したグラフです。キャッシュフロー累計よりも、残債が下回れば、理論上は、いつでも繰上げ返済して完済できる状態です。デッドクロスであっても、エンジェルクロスになっていれば、経営上は問題ないのです。

もうひとつは、リリーフクロスです。エンジェルクロスは手残りがコンスタントに残る物件でないと、その時期がなかなか来ないのです。すると焦ってしまい、間違った対策をしてしまう

エンジェルクロス

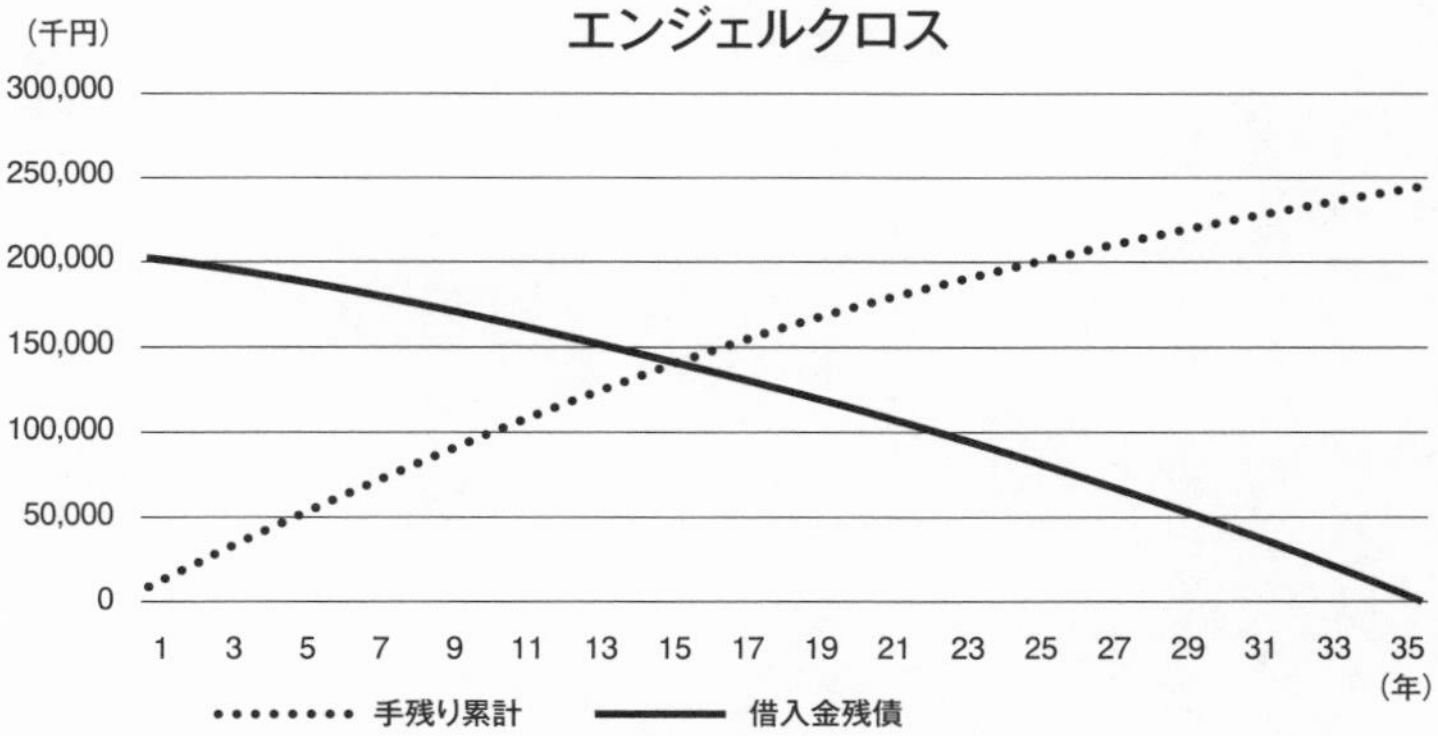

リリーフクロス

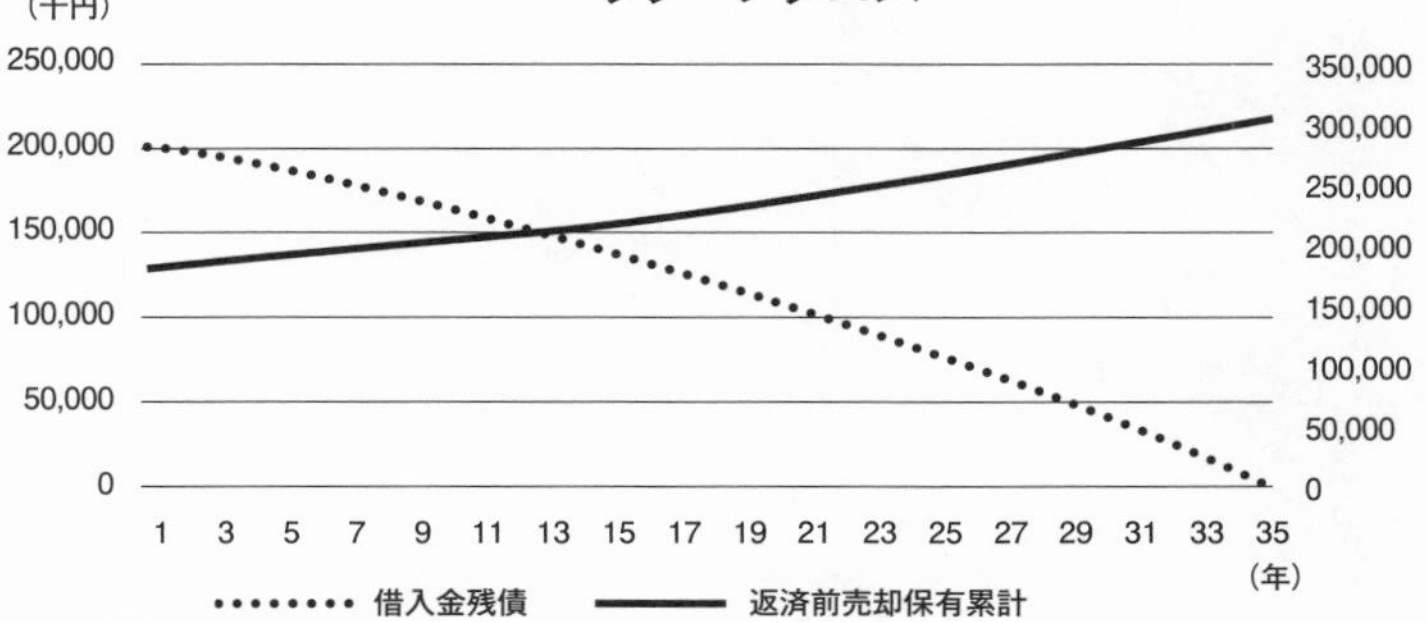

ことになります。リリーフクロスは次の2つのグラフをクロスしているグラフになります。

一つは、借入金の残債。もう一つは、返済前売却保有累計。

返済前売却保有累計とは、保有している場合の手残りに、仮にその年に売却した場合の（借入金を控除する前の）手残りを加えた合計金額。

算式でいうと、

手残り累計 ＋ （売却金額－諸費用－税金）

となります。

借入金の残債と比較するために、売却手残りの計算のうち、残債を控除する前の金額を取り出したものにしています。借入金残債は、返済していくことで年々下がっていきます。

返済前売却保有累計は、売却金額が値下がっていったとしても、保有している手残りがプラスであれば年々増えていく構造になるのです。

この2つのグラフがクロスするのか、クロスするのであればどのタイミングかを見るための指標となるなります。

このクロスする時点は、売却したらいつでも繰上げ返済して完済できる状態を示します。

不動産投資をして、マイナスにならずに終わらせられるタイミングです。このクロスを越えれば、経営として安全圏に入ったということがわかるのです。これによりさらに投資を拡大していくのか、さらに守っていくことにするのか、投資判断が可能になります。

デッドクロスになったとしても、リリーフクロスになっていれば、いつでも売却してデッドクロスが解消できるとわかっていれば、焦らずに適正な対策ができるのです。

リリーフクロスとエンジェルクロスを重ね合わせると下記のようなイメージグラフになります。先にリリーフクロスがきて、後からエンジェルクロスがやってきます。

デッドクロス対策として、エンジェルクロスになるまでキャッシュフロー改善をしながら耐え忍ぶか、リリーフクロスが過ぎた時期に売却して、物件の入れ替えをするのかの判断ができるのです。

デッドクロスは重要な指標です。しかし、間違った対策しないようにエンジェルクロス・リリーフクロスの指標も見ながら経営判断をするようにしてください。

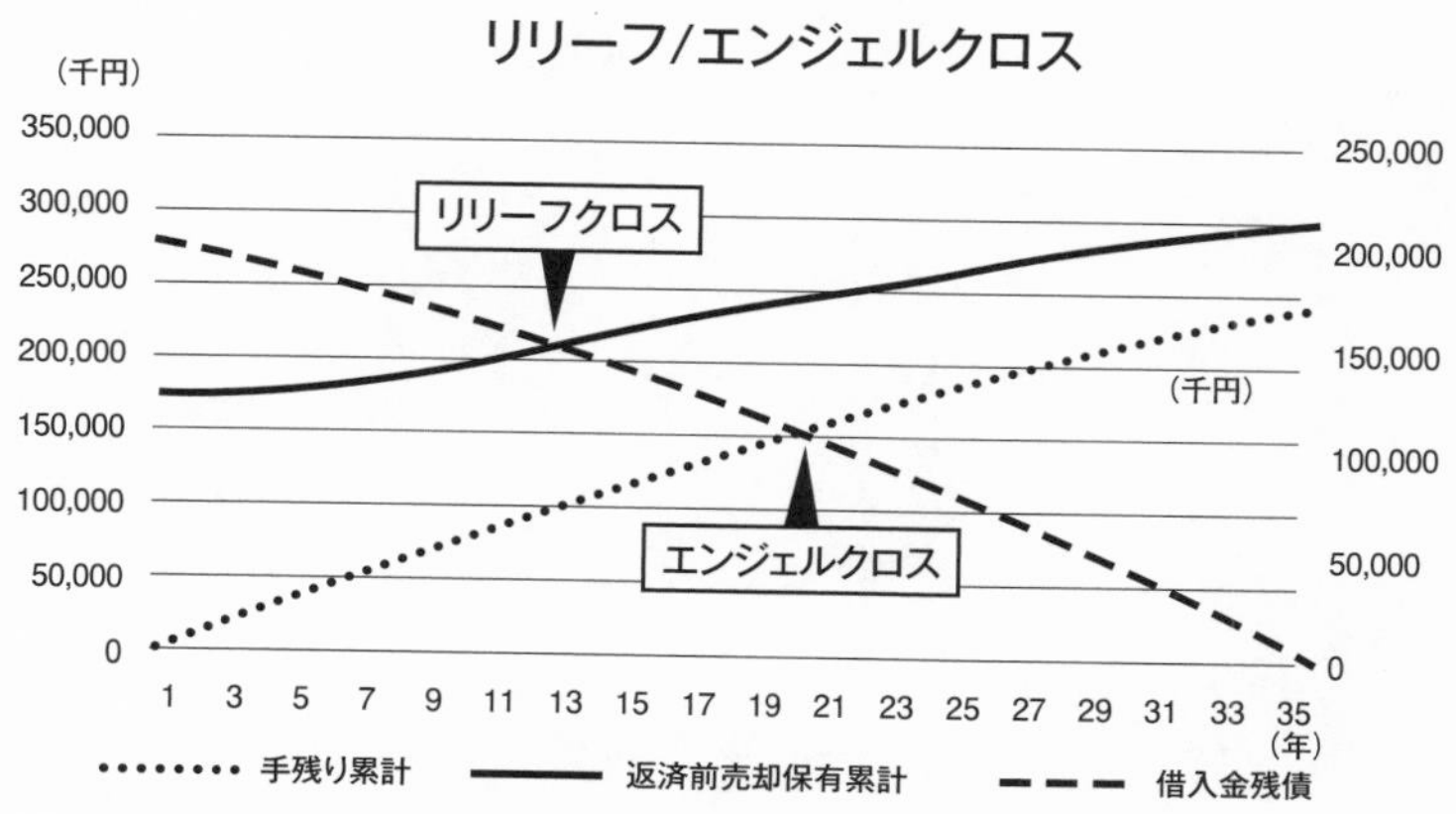

［第8章］

本当の節税

節税法として「割引き」と「繰り延べ」は、必ずしも効果的と言えないことがわかったと思います。割引きも繰り延べも、経費を増やすことで節税するというもの。結局は節税のためにお金を使うことになります。では、本当の節税とはどのようなものでしょうか。

それは「お金が出ていかない節税」です。これには、大きく分けて2つあります。

まずは、「低い税率を使う」です。一番わかりやすい例は「法人化」です。

個人の所得（もうけ）にかかる所得税・住民税の最高税率は55％

法人の所得にかかる法人税・法人住民税・法人事業税の最高税率は約36％と仮定

例えば、個人でもともと最高税率の方が、さらに5000万円の所得が入ってきた場合と、会社を設立して、5000万円の所得を法人に受け入れた場合の税金は、

【個人の所得税等】　　　　【会社の法人税等】

5000万円×55％ ＝ 2750万円 ＞ 5000万円×36％ ＝ 1800万円

ざっくり税率55％と36％の差の19％分税金が安くなります。（実際は税率が一律ではないので税額が異なります）

他にも、「所得分散」をすることで、低い税率を利用することが可能です。個人にかかる所得税は、超過累進税率（もうけが大きくなるほど高い税率が課税される）のため1人に所得を集中させると高い税金が取られます。これを、別の人に所得を移して低い税率を使うということです。

例えば、法人を設立して、家族役員に給与を出すことや、青色事業専従者給与を使って家族従業員に給料を出すなどです。

（例）所得2000万円の夫が妻に600万円の専従者給与を出す場合

【夫のみの場合】
夫の所得　2000万円
夫の税金　720万円

【妻に600万円給料を出す場合】
夫の所得　1400万円（2000万－600万）
夫の税金　448万円
妻の600万円給料の税金　85万円

720万円 ＞ 448万円＋85万円 ＝ 533万円

所得を分散することにより187万円税金安くなります。夫からは、給与という支出が出ていきますが、家族全体としては、お金が出ていってません。

○青色事業専従者給与とは

青色事業専従者給与の要件を満たせば、支払う給与を経費にすることができます。ただし、原則、同一生計親族に対して給与を支払っても経費にはできません。

［青色事業専従者給与の要件］

（1）事業的規模　概ね5棟10室以上
（2）半年（従事可能期間の2分の1）を超えて事業に専ら従事していること
（3）適用をしようとする年の3月15日までに税務署に届け出すること
（4）届出書に記載されている金額の範囲内で、実際に支払われたこと
（5）支払われた金額が労務の対価として相当であること

もう一つは、「支出を伴わない控除を使う」です。主なものをあげてみます。

①青色申告特別控除の10万円控除

青色申告であれば控除できます。

②青色申告特別控除の65万円控除

事業的規模で複式簿記で記帳するなどの要件満たせば10万円控除に代えて55万円の控除ができます。

・事業的規模：おおむね5棟10室以上
・複式簿記により記帳し、損益計算書とともに貸借対照表を確定申告に添付

さらに、55万円の控除が受けられる方が、電子申告または一定の要件を満たす電子帳簿保存をすることで、55万円に代えて、65万円の控除が受けられます。

③給与所得控除

給料をもらう人であれば、年収の10%~40%を経費とみなし、実際に経費として支出していなくても給与の所得を圧縮してくれます。

※なお、令和2年以降は年収850万円以上の場合、195万円の控除が上限になっています。

青色事業専従者給与を出すことや、法人化をして給与を出すことで給与所得控除が使えます。

④所得控除のうち人的控除

○基礎控除
○扶養控除
○配偶者控除、配偶者特別控除
○障害者控除、障害者特別控除
○ひとり親控除、寡婦（寡夫）控除
○勤労学生控除

「低い税率」と「支出を伴わない控除」を上手くミックスさせて使うとかなりの節税が図れます。

［第9章］

その他の節税①

（資産計上せずに経費にする方法）

1. 修繕費と資本的支出

経費の有効な使い道として修繕費がありますが、修繕には2種類の捉え方があります。ひとつは一般的な修繕費、もうひとつは資本的支出と呼ばれるものです。賃貸経営の経費の中で一番難しいのは、この修繕費と資本的支出の区分です。

○修繕費とは

固定資産の修理・改良などのために支出した金額のうち、その固定資産の通常の維持管理のため、又は災害などにより毀損した固定資産につき、その原状回復に要すると認められる部分の金額をいいます。

簡単にいうと、元の状態に戻すような支出が修繕費です。例えば、クロスの張替えや床の補修などが修繕費にあたります。修繕費に該当する支出は、その年に全額を経費計上できます。

○資本的支出とは

固定資産の修理・改良などのために支出した金額のうち、その固定資産の価値を高め、又はその耐久性を増すこととなると認められる部分に対応する金額をいいます。

簡単にいうと、価値が上がるような支出が資本的支出です。大胆な間取りの変更など、いわゆるリノベーションが資産的支出に該当します。

資産的支出の場合、修繕費とは違って全額を経費計上することはできず、資産に計上することになります。つまり、減価償却費として毎年耐用年数に応じて必要経費として計上されます。

修繕費
・通常の維持管理に要する部分
・通常の原状回復に要する部分
←
支出時に経費算入

資本的支出
・使用可能期間を延長させる部分
・支出時における時価を増加させる部分
←
資産計上　↓　減価償却　↓　耐用期間で経費計上

2. 資本的支出はキャッシュフローが悪くなる?

修繕費でも、資本的支出でも、支出した金額全額経費になるのは同じです。経費になるタイミングが、支出したときか、耐用年数の期間で分割していくかの違いになります。

しかし、注意しなければならないのが、資本的支出の耐用年数の考え方です。原則として、その資本的支出を行った資産本体と同じ耐用年数で償却を行うことになります。

たとえば、耐用年数が47年の建物を1000万円かけて修理して、その支出が全額資本的支出に該当した場合には、1000万円を新たに取得した資産として、その支出をした年(修繕した年)から耐用年数47年で減価償却していくことになります。

たとえ、当初取得したときから25年目に修理したとしても、47年－25年＝22年の耐用年数にはなりませんので、注意してください。建物は定額法での償却になりますので、47年の耐用年数なら、1年あたりの償却額はたったの22万円です。

経費にできる金額は、修繕費でも減価償却でもトータルは同じですが、減価償却費として計上できる金額が、1年当たり少なくなる可能性があります。すると、税金が高くなり、キャッシュフローが悪くなることがあります。

（例）１０００万円を借り入れて大規模修繕をした場合
借入条件は、金利２％、返済期間10年
所得控除は考慮していません。

全額修繕費に該当した場合の手残りは、１２５１万円、全額資本的支出に該当した場合の手残りは、８９４万円です。このようにキャッシュフローを考えるのであれば、一括損金に計上できる修繕費に該当する方が有利といえます。

【1,000万円を修繕費に該当した場合と資本的支出に該当した場合の比較】

所得計算	修繕費に該当した場合
収入	1,500
借入利息	-19
減価償却費	-140
修繕費	-1,000
諸経費	-100
不動産所得	241

↓

所得税・住民税	39

↓

キャッシュフロー	修繕費に該当した場合
収入	1,500
借入金返済	-110
諸経費	-100
所得税・住民税	-39
手残り	1251

所得計算	資本的支出に該当した場合
収入	1,500
借入利息	-19
減価償却費	-140
資本的支出減価償却費	-22
諸経費	-100
不動産所得	1,219

↓

所得税・住民税	376

↓

キャッシュフロー	資本的支出に該当した場合
収入	1,500
借入金返済	-110
諸経費	-100
所得税・住民税	-376
手残り	894

（単位：万円）

3. 修繕費と資本的支出の区分

できる限り、修繕費に区分した方が資金繰りに有利です。では一体、修繕費と資本的支出のどちらに該当するかは、どのように判断すればいいのでしょうか？　判定基準は、その修理や改良の実質的な内容によります。先にもご説明したように、修理や改良が固定資産の使用可能期間を延長させたり、価値を増加させるものであれば資本的支出、原状回復であれば修繕費というように判断します（実質基準）。とはいえ、実際に判定するのはなかなか困難なものです。そこで、実務上の判断として、形式基準という判定方法があります。「形式基準のフローチャート」にあてはめて、修繕費に該当するか、資本的支出に該当するかを判断していきます。

【修繕費と資本的支出の判定基準】 形式基準のフローチャート

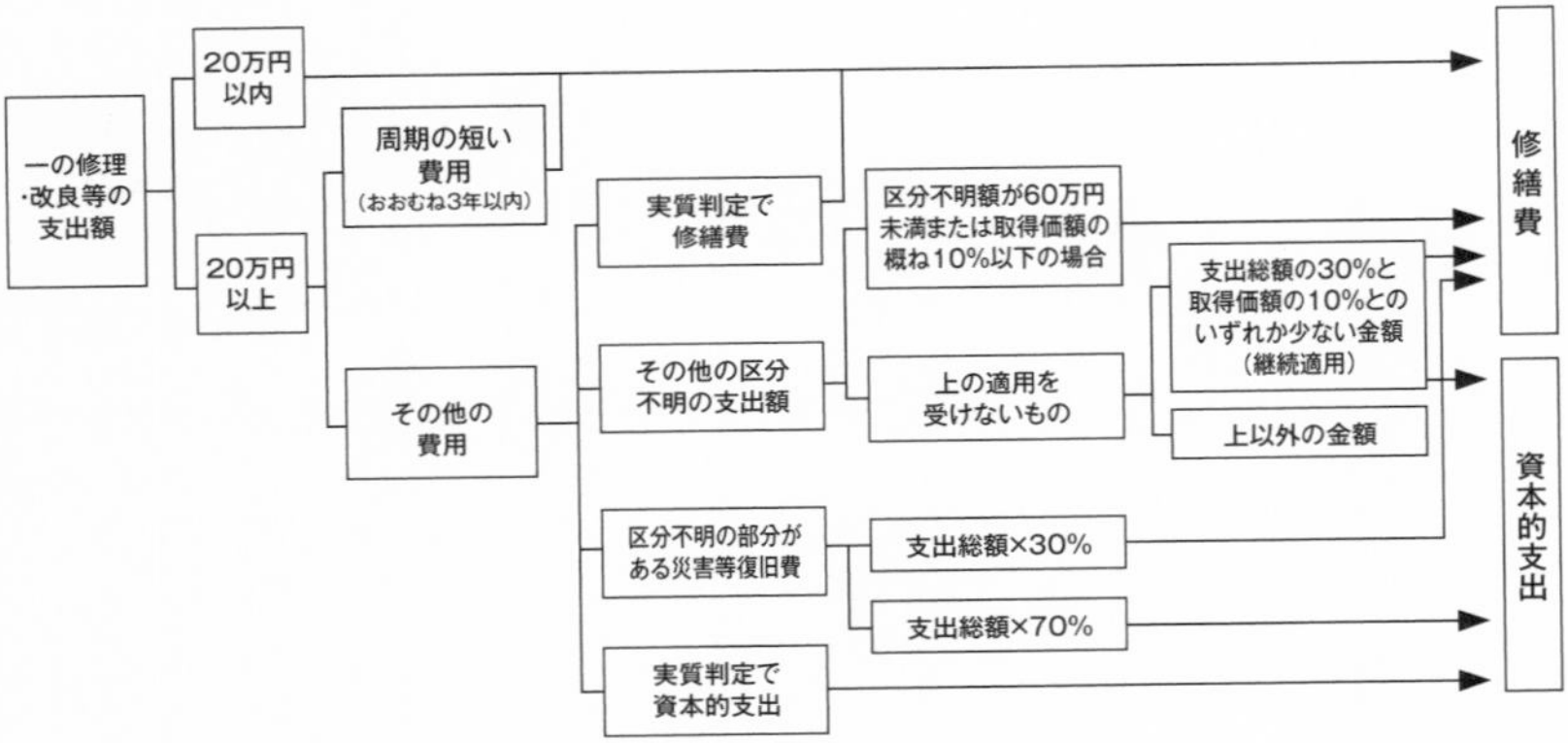

《フローチャートのポイント》

(1) 資本的支出に該当しても20万円未満ならすべて修繕費

(2) おおむね3年以内の周期で修繕・改良等が行われているものはすべて修繕費

(3) 区分不明なものは、60万円未満または取得価額の10%以下ならすべて修繕費

(4) 区分不明なもの（①～③の適用を受けるものを除く）は、継続適用を条件に支出金の３０%か取得価額の１０%のいずれか少ない金額を修繕費、残額を資本的支出

○修繕費に該当する判定ポイント

（1）資本的支出に該当しても20万円未満ならすべて修繕費

実質的に価値を上げるような資本的支出に該当する内容だとしても、1つの修理・改良等の費用が20万円未満であれば、すべて修繕費に該当することになり全額を経費計上できます。ただし、単に分割払いによって支払時期を分けることで20万円未満に抑えることはできません。修理・改良等全体の合計金額が20万円未満であるかどうかで判断します。

（2）おおむね3年以内の周期で修理・改良等が行われているものは、すべて修繕費

実質的に価値を上げるような資本的支出に該当する内容だとしても、その修理・改良等がおおむね3年以内の期間を周期として行われることが既往の実績、その他の事情からみて明らかである場合には、すべて修繕費に該当することになり全額を経費計上できます。「既往の実績」は、業界一般の実績ではなく、自己の実績でよいとされています。そのため、過去に行った修繕の見積書や請求書などを記録しておき、証拠書類として保管しておく必要があります。

（3）区分不明なものは、60万円未満または取得価額の10％以下であればすべて修繕費

実質的に修繕費か資本的支出かを判断できない場合は、金額で判定することとなります。支出した金額が60万円未満またはその固定資産の前期末時点の取得価額の10％以下である場合には、すべ

て修繕費に該当することになり全額を経費計上できます。前期末時点の取得価額とは、取得時の取得価額に前期末までの資本的支出の金額を合計した金額になります。この基準は区分不明なもののみに適用されるため、明らかに資本的支出に該当するものには適用されません。

（4）区分不明なもの（1～3の適用を受けるものを除く）は、継続適用を条件に支出金額の30％か取得価額の10％のいずれか少ない金額を修繕費とし、残額を資本的支出とします。

例：修繕費か資本的支出か区分不明な支出が300万円
　取得価額が1000万円の場合
　300万円×30％＝90万円＜1000万円×10％＝100万円
∴90万円・・・・・・・・・・修繕費
　300万円－90万円＝210万円・・・資本的支出

なお、この適用は継続しなければなりません。次の修繕にも影響を及ぼすこととなるため、この規定を適用するかしないかは慎重に判断する必要があります。

なお、エアコンや給湯器などの設備が古くなったものを、新しいものに取り替える場合は、原状回復工事ではありません。古い設備を撤去して、新たな資産を取得したことになります。つまり、資産計上して減価償却をしていきます。ただし、左記に該当する場合には、一括で経費にすることが可能です。

①1個につき10万円未満のもの
②青色申告者の場合1個につき30万円未満のもの（総額300万円まで）

これらの基準を使って、できる限り修繕費にできるものは修繕費に計上した方が税金が抑えられ、キャッシュフローはよくなります。

具体的には、リフォームの見積書を項目毎に区分することです。明らかに原状回復の工事項目や20万円未満の工事項目は修繕費、資産価値が上がる工事項目で20万円を超えるものは資本的支出としていきます。決して金額だけで判

【見積書を修繕費と資本的支出に分けた例】

	見積金額（税込）	見積金額（諸経費按分）	区分
クロス・CF貼り替え工事	153,090	158,911	修繕費
バリアフリー工事	232,575	241,418	資本的支出
畳張替	38430	39,891	修繕費
キッチン工事	406,875	422,346	資本的支出
洗面所工事	81,900	85,014	修繕費
トイレ工事	39,375	40,872	修繕費
その他原状回復工事	235,200	244,143	修繕費
諸経費	45,150		
合　計	1,232,595	1,232,595	

修繕費	568,831
資本的支出	663,764
合　計	1,232,595

定するものではありません。工事内容によって修繕費か資本的支出に分けるのが原則ということを覚えておきましょう。

4.資本的支出に備えて資金を準備しよう

節税を考えるなら、できる限り修繕費になるようなリフォーム工事をした方がよいのですが、資本的支出となるリノベーション工事が必要な場合はあります。古い間取りや設備で空室が埋まらないなど抜本的なリノベーションが必要な場合があるからです。資本的支出はキャッシュフローが悪くなります。しかし、それを気にしていたら空室は埋まりません。キャッシュフローが悪くなることをあらかじめ想定して計画立てることが重要です。

例えば、3年後に100万円の工事をすることを計画した場合、逆算して月3万円ずつ修繕積立金を積み立てるようにするのです。まずは修繕計画を作ることから始めましょう。

［第10章］

その他の節税②

（所得控除を上手く使う方法）

ここまでは「経費」の取り扱いについて説明してきましたが、この項では、「所得」から差し引けるもう一つの要素、「所得控除」について触れていきたいと思います。

「所得控除」の代表格は「人的控除」といわれるものです。主な「人的控除」は本人の「基礎控除」や、配偶者の「配偶者控除」です。このあたりの控除については会社勤めの方なら年末調整などでご存知かと思います。これらの「人的控除」は、あくまで家族の状況や年齢で変わるものであるため、コントロールするのは難しいといえます。一方で、コントロールすることも難しくない「所得控除」である「物的控除」というものもあります。

大家さんで活用したい所得控除は次の通りです。

1. 小規模企業共済等掛金控除

「小規模企業共済等掛金控除」は以下の3種類で構成されます。

○小規模企業共済等掛金
○確定拠出年金
○心身障害者扶養共済掛金

なお、「小規模企業共済等掛金控除」は、「支払額」に限度があるものの、「支払額」＝「控除額」になるため、「社会保険料控除」に近い「所得控除」です。ここでは右記の3つのうち「小規模企業共済等掛金」と、「確定拠出年金」について説明していきたいと思います。

（1）小規模企業共済等掛金

「小規模企業共済等掛金」とは、納税者が支払う小規模企業共済法に規定する共済契約の掛金のことを指します。「加入資格」、「掛金月額」、「共済金の受取」は以下のようになります。

「加入資格」（賃貸オーナーの場合）

個人事業主として…事業的規模に該当し、本業がサラリーマンでないこと

会社役員として…一定の小規模事業の役員であること（自分で設立した会社も可）

「掛金月額」

月額1千円～7万円の範囲（500円単位）で設定

＊契約期間中でも一定の手続きを経て掛金月額は変更可能

【共済金の受取】（平成16年4月以降加入、掛金月額1万円の場合）

掛金納付月数	掛金残高	共済金A	共済金B	準共済金
5年	600,000円	621,400円	614,600円	600,000円
10年	1,200,000円	1,290,000円	1,260,800円	1,200,000円
15年	1,800,000円	2,011,000円	1,940,400円	1,800,000円
20年	2,400,000円	2,786,400円	2,658,800円	2,419,500円
30年	3,600,000円	4,348,800円	4,211,800円	3,832,740円

（以下平成28年4月1日以降について）

共済金の例

共済金A……………… （個人事業主）廃業、死亡、事業の全部を譲渡等の場合

（会社役員）法人の解散

共済金B……………… （個人事業主）老齢給付

（会社役員）65歳以上又は病気、怪我で退任　老齢給付

準共済金　…………… （個人事業主）法人成りして役員にならなかった場合

（会社役員）65歳未満で法人の解散、病気、怪我以外で退任

※老齢給付は65歳以上で180か月以上の払込が必要

「加入資格」の「一定の小規模事業」に該当するには、業種ごとに設定された「従業員数何名以下」という要件を満たす必要があります。また、その他の退職金共済の被共済者に該当する場合も加入することができません。

なお、上記の条件（廃業や退任）に該当しない「解約」の場合や、短期での解約は解約手当金が掛金納付額を下回ったり、受け取れない場合もあるので注意が必要です。メリット、デメリットとしては左記のようなものがあります

メリット

○支出額＝控除額となり節税効果が高い

○（早期の解約を除き）元本割れしにくい

デメリット

○サラリーマン大家さんにとっては加入条件を満たすのが難しい

(2) 確定拠出年金

「確定拠出年金」とは、加入者の老後の備え（国民年金や

●個人型

運営主体	国民年金基金連合会	
掛金	加入者個人が拠出	
加入対象	個人事業主などの国民年金1号被保険者	企業年金がない企業の従業員や専業主婦
拠出限度額	68,000円（国民年金基金の掛け金と合算して）	23,000円

●企業型

運営主体	制度を実施する各企業	
掛金	原則は事業主が拠出（規約により加入者も拠出可能）	
加入対象	確定給付タイプの企業年金あり	確定給付タイプの企業年金なし
拠出限度額	27,500円	55,000円

※企業型の場合、所得控除として活用するには規約により加入者自身が上乗せで拠出してできることを定めることが必要。加入者が拠出できるのは拠出限度額の範囲内で企業拠出額と同額まで。

厚生年金の上乗せ）として運用される制度です。特徴としては、加入者が「拠出額」（支払額）の設定、運用の指図を行い、将来の「給付額」は運用実績によって決まる、という点です。他の公的年金と違い、運用責任（リスク）を「加入者」が負うことになります。

「確定拠出年金」は現在「個人型（iDeCo）」と「企業型」があり、その概要は以下のとおりです。（「企業型」には各企業の年金制度によってさらに細かい区分があります）

なお、その他「個人型」「企業型」共通の特徴は下図のとおりです。

「確定拠出年金」は先ほどの「小規模企業共済」と比べて、サラリーマン大家さんにとっては利用しやすい制度となっており、節税策としては有効な手段といえます。

左記にメリット、デメリットをまとめてみましょう。

メリット

○支出額が全額所得控除となる
○運用中に発生した運用益は非課税（受取時雑所得や一時所得として課税）
○複利計算＊される

＊複利計算・・・運用益が出た場合、原資にその運用益を加えて再投資する方法。運用益が出る状況では投資効果が高くなる。

対象年齢	60歳未満	
運　用	加入者個が自己責任で運用指図を行う	
給　付	老齢給付	5年以上の有期または終身（支給開始齢は加入期間、年令による）
	障害給付	5年以上の有期または終身
	死亡一時金 脱退一時金	途中解約は原則不可能。脱退一時金には一定の要件あり

デメリット

○運用は自己責任のため、元本割れのリスクがある
○開始時、運用中は手数料がかかる（金額は各金融機関によって異なる）
○解約は原則不可能。離職・転職の場合は積立資産を移換＊する必要がある。

＊積立資産の移換の例
転職前企業の「企業型」→転職後企業の「企業型」
転職前企業の「企業型」→「個人型」

2.寄付金控除（ふるさと納税の活用）

ふるさと納税は厳密に言うと節税ではありません。2000円を超えて支払った寄付金（上限あり）が所得税・住民税から控除されるだけであり、税金の支払い先を変えていることに他なりません。ふるさと納税をしても、支出金額は変わらないのです（税金で払うか、寄付金で払うかの違いです）。

ただし、ふるさと納税は、寄付先から返戻品をもらえるというメリットがあります。返礼品をもらうことで家計の支出が抑えられる効果が期待できるため、積極的に利用した方がよいでしょう。

「ふるさと納税」の仕組みをおおまかに説明すると、「支払額－2000円」が所得税、住民税の支払額から減額されるというものです。

図解すると下記のような構造になります。

各種税金からの控除額

①所得税の控除額
控除対象額（総所得金額の4割が限度）×所得税の税率

②住民税の控除額（基本）
控除対象額（総所得金額の3割が限度）×10％

③住民税の控除額（特例）
控除対象額－（①＋②）（住民税所得割の2割が限度）
＊控除対象額・・・寄付額－2000円

例として・・・
寄付額1万円所得税の税率20％とすると・・・
①所得税の控除額　8000円×20％＝1600円
②住民税の控除額（基本）　8000円×10％＝800円

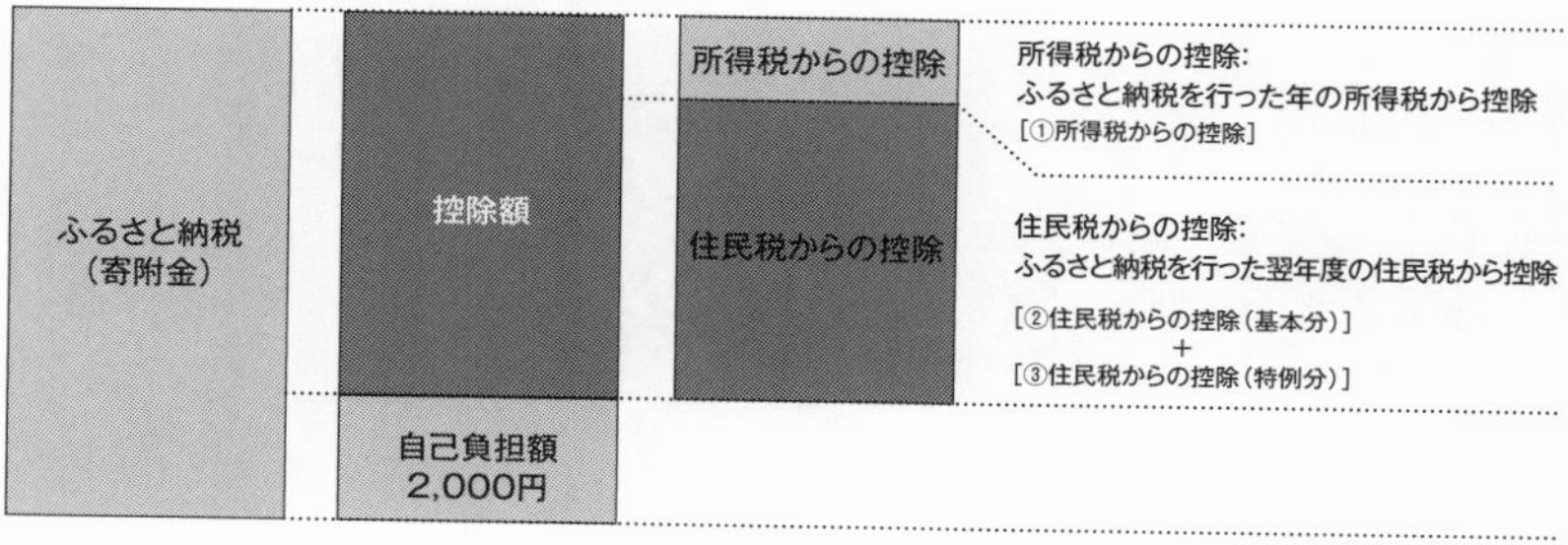

③住民税の控除額（特例）　8000円－（1600円＋800円）＝5600円
税額軽減額＝1600円＋800円＋5600円＝8000円（＝1万円－2000円）
（住民税所得割の限度額は考慮せず）
前述の例の通り、限度額以内の寄付であれば「「寄付額」－2000円」分税額が軽減されています。
ちなみに、軽減額については、
○所得税の軽減額・・・その年の申告所得税から減額（還付）
○住民税の軽減額・・・翌年支払う住民税から減額（住民税は前年の所得から計算されるため）
と、税額の軽減効果は所得税と住民税で違います。

「ふるさと納税」を行う際に注意しなければいけないのは、先述の通り控除額には限度がある（住民税所得割の2割まで）、という点です。この限度額の基礎となる所得は「ふるさと納税を行う年の所得」です。つまり、寄付を行う時点ではまだ限度額の計算の基礎となる所得が確定していないことになります。

給与所得のみの場合は、年間の所得についてある程度見込みを立てるのも容易です。しかし賃貸経営では、突発的な修繕が発生した場合などは所得が予測より大幅に減る（＝控除限度額が小さくなる）ことになるため注意しなければなりません。

「ふるさと納税」のメリットは以下のようなものがあります。第一に、「返礼品」があることです。

ただ納税するより、もらえる物がある、というのは確かに魅力的です。

第二のメリットは、寄付を行うことで「各種補助金を受け取れる可能性がある」ということです。これは、「ふるさと納税」そのものとは直接的には無関係で、かつ、「節税」とも結びつくものではないため意外と見落とされがちかもしれません。実は、地方自治体の補助金は「住民税の所得割額」一定額以下、という基準を要件としているものが多いのです。

「ふるさと納税」（＝寄付）を行うと「所得」が小さくなるため、この「住民税の所得割額」も小さくなります。

一例として、「高等学校等就学支援金制度」というものがあります。

この制度は、「住民税の所得割額」が一定額以下の家庭に、子供の高校就学の補助金として月に1万円程度が支給される、というものです。なお、適用要件は、文科省が提示しているモデルケースで「住民税の所得割額が夫婦合算して30万4200円未満（年収で910万円程）」です。もしあと少しのところで限度を超えてしまっているようでしたら、寄付を行うことで要件を満たせる可能性があります。

この他にも、補助金制度の内容や要件は自治体によって運用が異なるものになるため、各自治体のホームページ等でよく確認することが必要となります。

また、「ふるさと納税」を利用するには原則として確定申告が必要になりますが、現在は「ふるさと納税ワンストップ制度」というものがあり、一定の要件を満たせば確定申告をせずに、年末調整で「ふるさと納税」を利用することができます。

《ふるさと納税ワンストップ制度の要件》
○給与所得のみ等、確定申告をする必要がない
○寄付先が５か所以内
○各寄付先に、寄付をした翌年１月10日までに制度適用の申請書を提出する

［第11章］

法人化で本当の節税を！

1.法人化とは何か

個人の賃貸経営の場合、事業の規模が拡大して収益が増えてくると、超過累進税率であることから、税金も高くなるため、法人化を検討する方が多く見られます。法人税率が下がり、所得税・住民税の大幅な節税が期待できることから、法人化の需要が増えてきていると実感しています。

では、一体法人化とは、どのようなものなのでしょうか？

法人化を一言で言うと…それは「収入の受け皿を変えること」です。

(1) 個人を収入の受け皿にしておく場合の問題点

所得税は、超過累進税率という仕組みになっています。超過累進とは、所得が増えれば増えるほど、高い税率で課税されるということです。ただし、全体に対して、高い税率が課税されるということではなく、一定の金額を超えると、超えた部分にだけ高い税率がかかるというものになります。

課税所得が1000万円の場合、1000万円に33%の高い税率がかかるわけではなく、900万円を超えた100万円に33%の課税、695万円~900万円までは23%の課税というように図Aの灰色部分の合計が所得税額になります。

個人に家賃収入が集まることで、不動産所得が高くなってしまいます。さらに、サラリーマン大家さんは、給与をもらっていることで、ベースとしての給与所得があり、そこに不動産所得が合算されます。

所得税は、給与所得、不動産所得などを合算した全体の所得（総合課税）に税率をかけていくのです。高い給与収入に引っ張られて、不動産所得にも高い税率が適用されてしまうことになるのです。これは家賃収入の受け皿が個人になっているからです。

（2）法人を収入の受け皿にするメリット

法人化とは、この収入の全部もしくは一部を法人の受け皿に変えることです。法人に収入の受け皿を変えるとどうなるか？法人の収入になった先は法人税が課税されます。

法人税等（法人税、法人事業税、法人住民税）の実効税率は、所得（利益）８００万円以下が約24％、８００万円超で約36％。個人の所得が

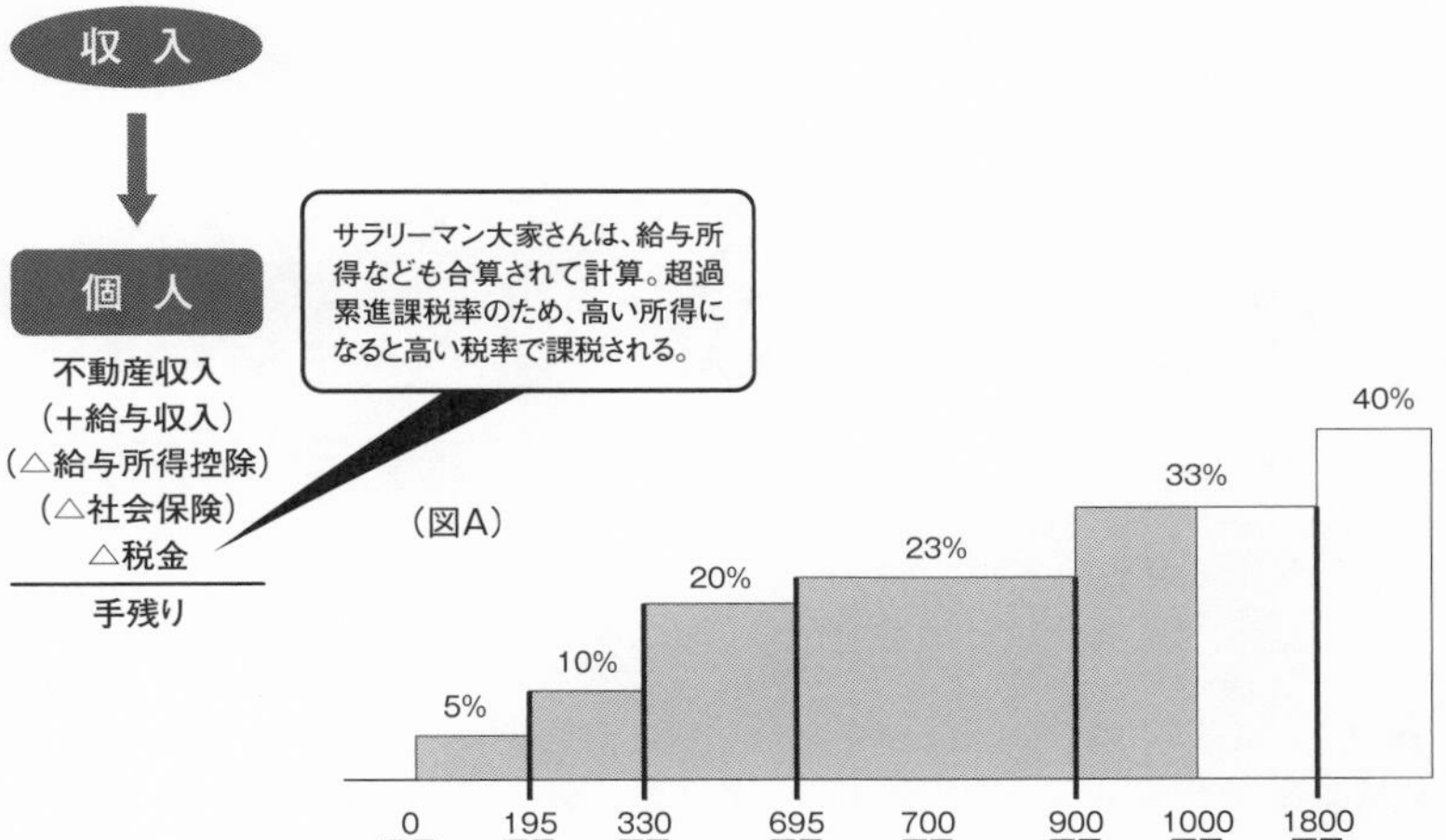

330万円を超えると、所得税・住民税合わせて30％になります（695万円を超えるとそれ以上）。

所得税・住民税の税率よりも法人税等の税率の方が低ければ、節税になるということです。ただし、法人住民税の均等割（赤字でも課税される税金）や税理士報酬などのコストが増えることになるので注意が必要です。

（3）法人化を収入の受け皿にするとできること

法人化して自分自身に役員報酬を支給することが可能です。また、家族を役員にして役員報酬給を支払うことが可能です。

給与を支給する法人は、経費に計上でき、給与を受け取った個人は、給与所得で課税されます。給与所得の場合、給与額に応じた「給与所得控除」（経費とみなしてくれる控除）が使えますので、実際に課税される所得は給与収入額よりも圧縮されます。

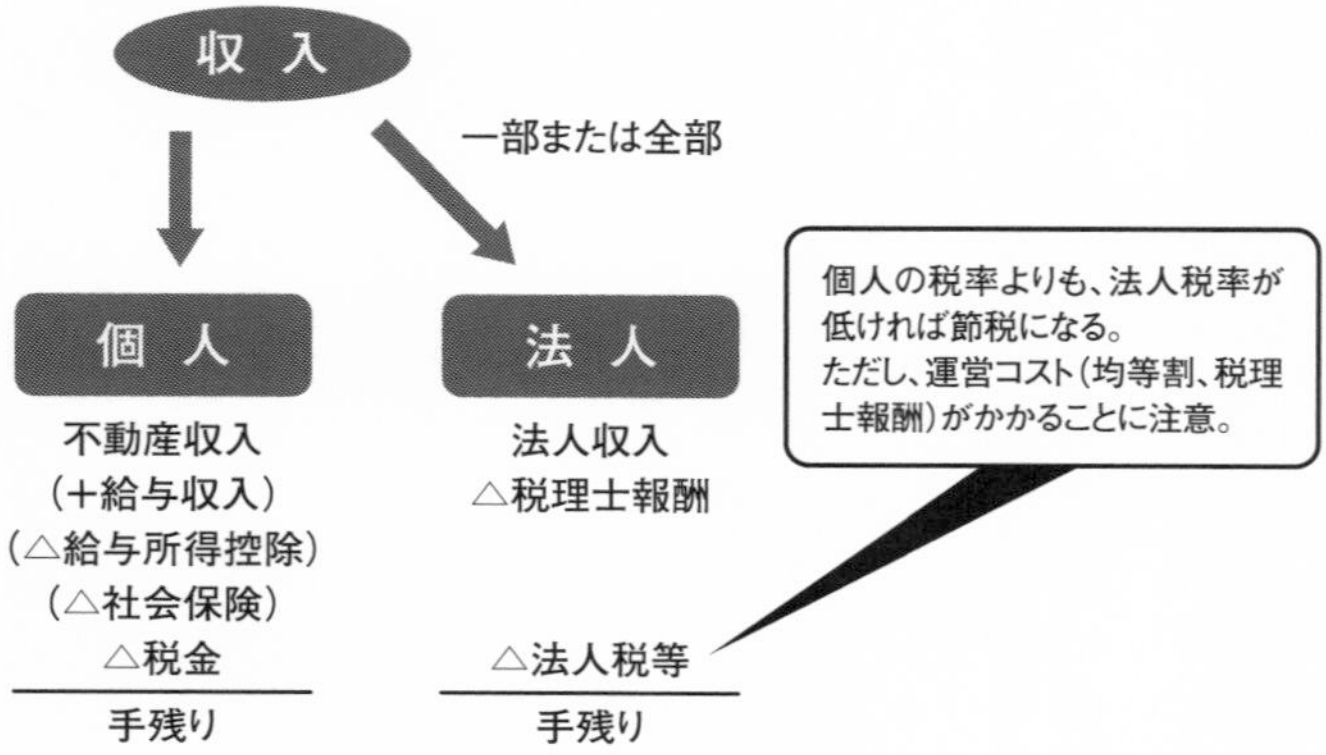

さらに給与を支払う人数を増やして所得を分散すれば、超過累進税率の低い税率を適用できることから、税金を低く抑えることができます。

ただし、名ばかりの役員に給与を支払うと、税務署から否認される可能性があります。役員としての実態が必要になります。

給与を払うことで社会保険に加入しなければならなくなる場合があるため、社会保険に加入しなくてもよい方策をとるか、社会保険に加入してもメリットが出る設計にする必要があります。

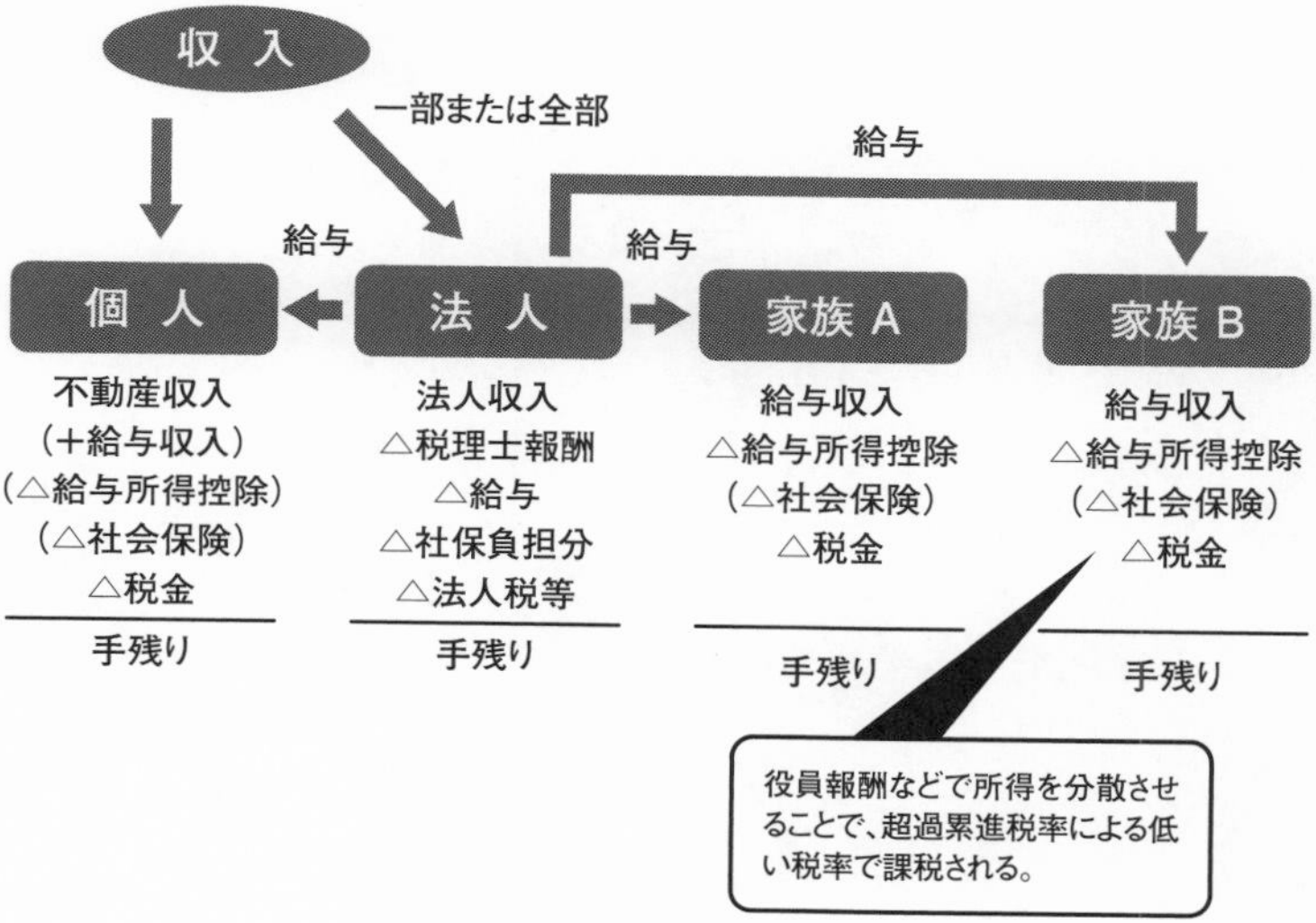

（4）法人化でメリットがでるかどうかの判断

個人が受け皿のときと、法人に受け皿を移したときの手残りを比較してメリットがでるかどうかが判断基準です。

法人化のメリット（金額）

＝

法人化前の個人の手残り金額

－

法人化後の個人・法人・家族の手残り合計

家族構成や給与設計によって変わってきますが、個人の課税所得で８００万円以上からがメリットが出る目安になります。税率で判断することになるので、収入金額で判断しません。

下記の法人化のフローチャートを参考にしてみてください。

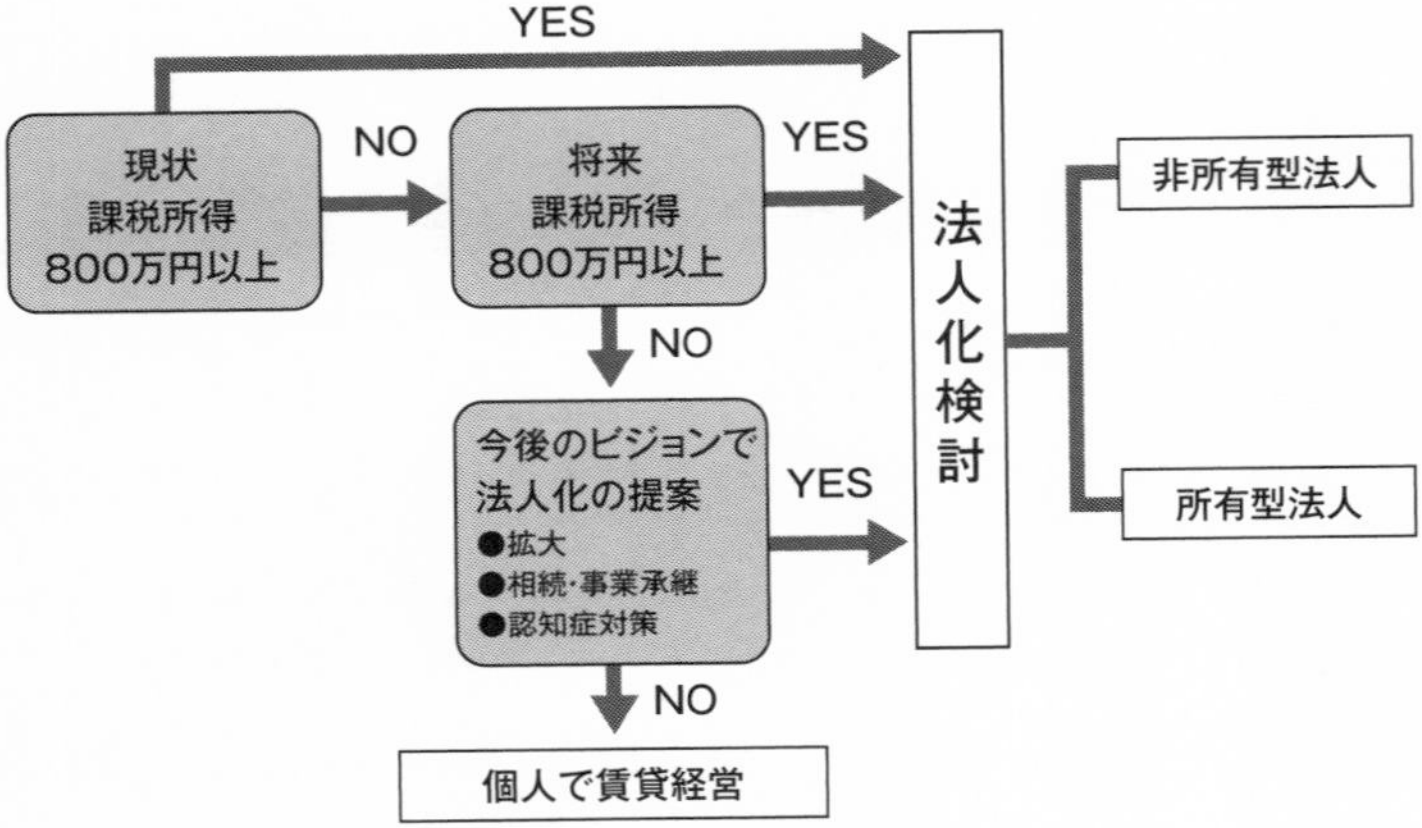

2.法人化の種類

法人化には大きく分けて2種類あります。物件を所有する方式（所有型）と所有しない方式（非所有型）の2種類で、それぞれに個人から法人に移転できる所得が異なります。

非所有と所有は何が異なるかというと、賃貸物件を所有するか、所有しないかの違いです。さらに非所有型と所有型にも2種類に分けられます。

《非所有型》
①管理法人
②サブリース法人
《所有型》
③土地建物所有法人
④建物所有法人

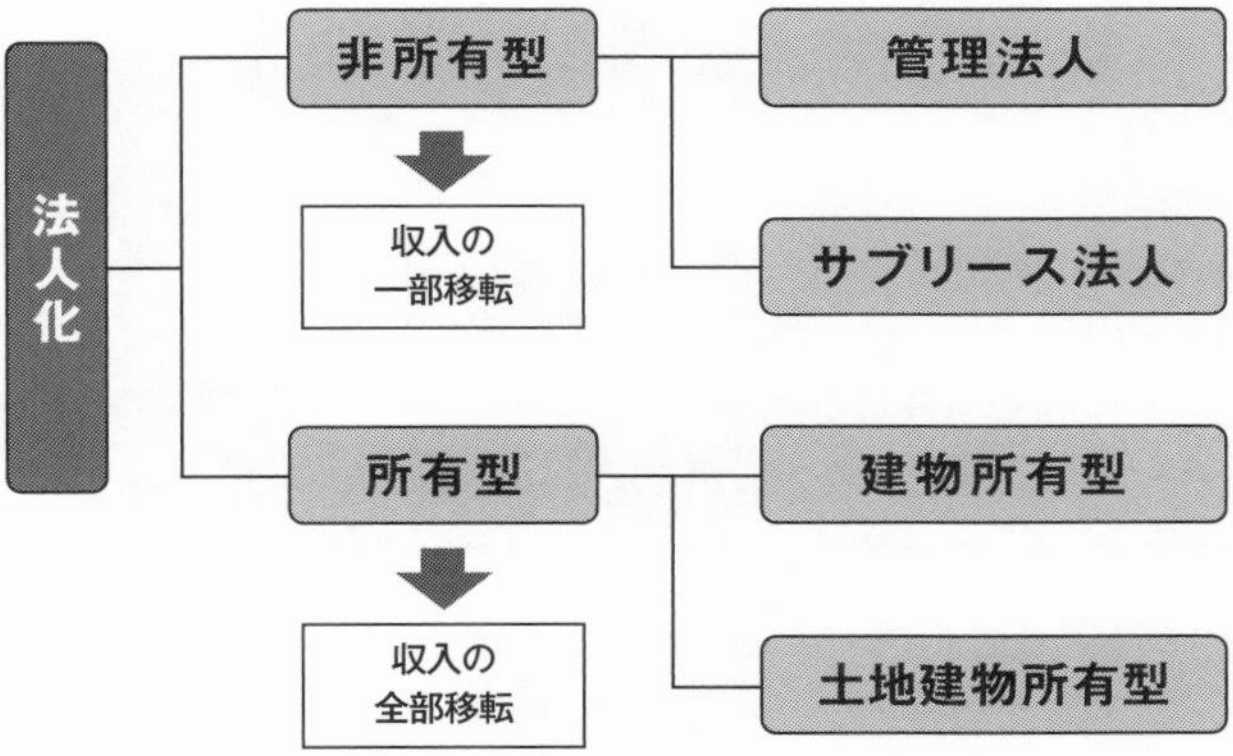

①管理法人

オーナーと入居者さんとの間に管理会社を入れて、家賃の管理や物件の管理をさせ、管理料としてオーナーから管理会社へ支払うことになります。賃貸契約はオーナーと入居者になります。

管理料収入として不動産管理会社に移転できるのは家賃収入の最大10%程度が限度です。それ以上の管理料は税務署から否認される可能性があります。

また、10%以下の管理料でも管理業務の実態がないと税務署から否認される可能性があります。

②サブリース法人

法人会社を設立し、その会社がオーナーから賃貸物件を一括借上げし、法人が入居者に賃貸（転貸）することになります。

法人は入居者から家賃をもらいます。転貸しているので、法人はオーナーに家賃を支払います。入居者が退去しても、法人はオーナーから賃貸していることには変わりはないため、原則、通常通り、オーナーへ賃料を支払うことになります。このよう

〈管理法人のイメージ図〉

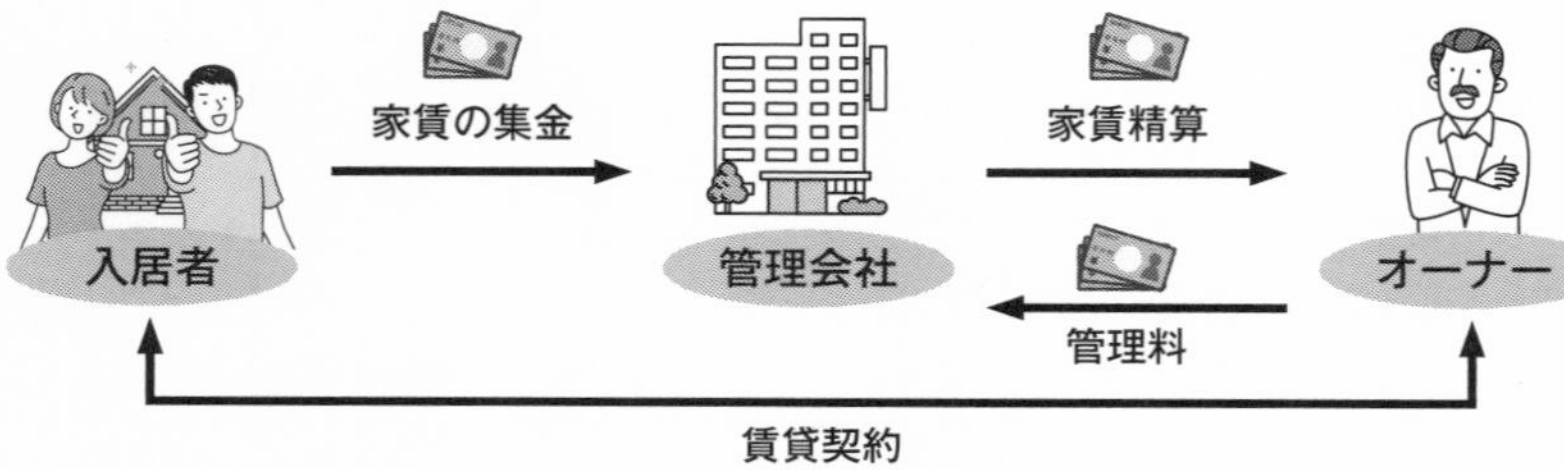

オーナーが会社に対し管理料を払うことで、個人から法人に所得を移転させることができる。

に法人は空室リスクを負うことになります。法人から個人に払う家賃は入居者からもらう家賃より低い金額で設定します。その家賃の差額分が法人の収入となり、個人から法人に所得を移転させることができることになります。

この場合、借上賃料として不動産オーナーに支払う金額は、満室賃料の85％～80％程度が限度になります。つまり不動産管理会社に移転できる収入として、家賃収入の最大15％～20％程度が限度です。

それ以上の収入を法人へ移転すると、税務署から高すぎると指摘を受ける可能性が出てきます。非所有型法人の場合には、家賃収入の5～20％程度しか法人に移せないので、節税効果としてはあまり大きくありません。家賃収入を全て法人に移転させるためには、名義そのものを法人にしなければいけません。

アパートなどの賃貸物件を所有する法人を、所有型法人といいます。所有型法人についても2種類あります。

会社を設立し、その会社に土地建物を所有させるのか、建物のみを所有させるのか、になります。

〈サブリース法人のイメージ図〉

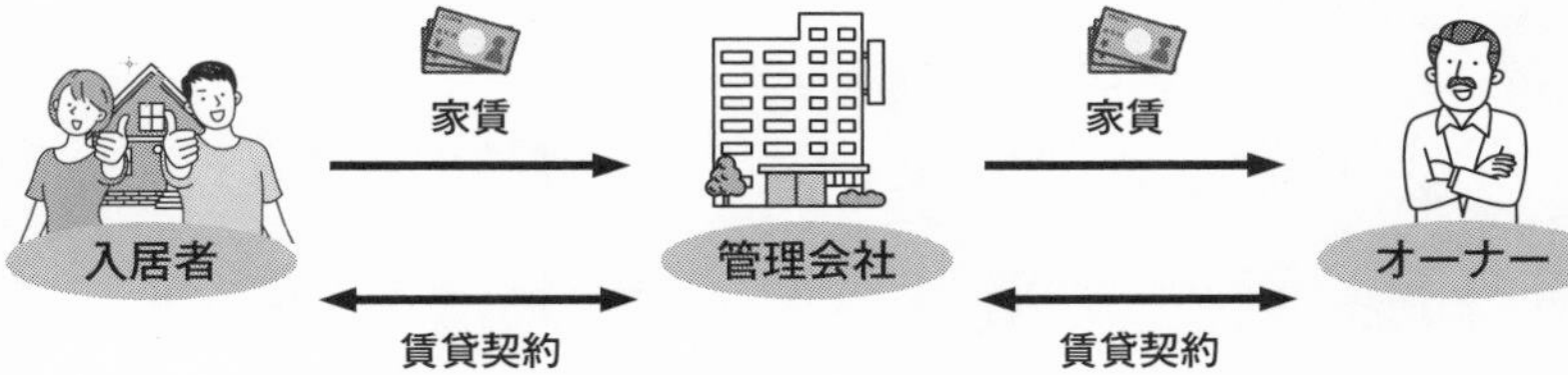

③土地建物所有法人

土地建物全てを法人が所有している形態。物件購入当初から法人で所有している場合や、個人で投資していた不動産を、ある時期に法人に移転する場合などがあります。

④建物所有法人

土地建物所有法人の場合には、法人が土地建物を所有するのに対し、建物所有法人は、法人が建物のみ所有することになります。土地は個人の所有のままです。地主さんが、建物を法人で建てたり、個人で建物を建てたものを、法人に移転する場合などがあります。

建物が法人所有であれば、収入が全て法人に帰属することになりますので、家賃収入については、土地建物所有法人も建物所有法人も同じになります。何が異なるかと言うと、将来の相続税です。

土地建物所有法人の場合、土地建物全てを法人が所有することで、個人は、土地建物を所有しなくなります。会社の株式を所有していれば、株式に対して相続税がかかることにな

〈建物所有法人のイメージ図〉

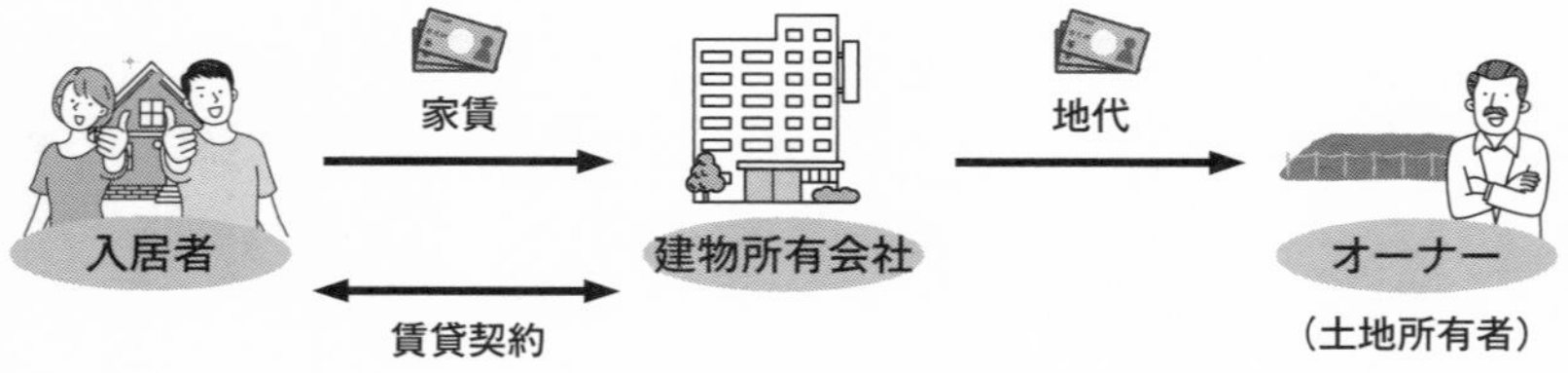

ります。個人で土地建物を所有しているよりも、会社の株式で所有していた方が、一般的に評価は下がります。

建物所有法人の場合、土地は個人の所有のままなので、土地について相続税がかかることになります。建物は法人のため、今後入ってくる家賃収入分が個人に貯まらず、相続税の課税対象となる財産（現預金）が増えない効果があります。

3.不動産を購入するなら個人か？ 法人か？

それでは、最初から個人で購入した方がよいのか、法人で購入した方がよいのか、どちらがいいのでしょうか？今後、どのくらい不動産を増やしていくのか、現在のサラリーマンの年収などによって、異なります。

ある具体例を見て、どちらで購入するのがよいか、個人と法人の税制の違いを確認してみましょう。

具体例は、個人のサラリーマンの年収が高い方（年収１０００万円）が、減価償却が多く取れる築古の不動産を購入して不動産所得を赤字にし、所得税の還付を受け、６年後の長期譲渡になった頃を見計らって売却することを目論んでいます。

果たして、個人で購入するのがよいのでしょうか？

《前提条件》
給与収入：1000万円
購入金額：1億円（建物5000万円、土地5000万円）、
木造築25年
借入金：1億円
（金利3・5%、返済期間20年、元利均等返済）
年間家賃収入：800万円
6年目の売却金額：9000万円

(1) 個人の不動産投資が節税にならない理由

①土地の負債利子の損益通算の特例

不動産所得が赤字になる場合には、給与などの他の所得と損益通算（相殺）することができます。

しかし、不動産所得については、赤字になった場合には、「土地取得にかかる借入金の利子については、損益通算の対象にはならない」という規定があります。

（単位：万円）

所得計算	1年目	2年目	3年目	4年目	5年目	6年目	譲渡時の税金	
家賃収入	800	800	800	800	800	800	譲渡収入	9,000
借入金利子	350	331	318	305	291	277		
減価償却費	1,250	1,250	1,250	1,250	0	0	取得費・譲渡費用	5,000
その他経費	500	200	200	200	200	200		
青色申告特別控除	0	0	0	0	65	65	譲渡所得	4,000
不動産所得金額	-1,300	-981	-968	-955	244	258		
土地負債利子	175	166	159	153				
損益通算対象額	-1,125	-816	-809	-803	-88			
給与所得	780	780	780	780	780	780		
合計所得金額	0	0	0	0	936	1,038		
所得控除額	200	200	200	200	200	200		
課税所得学	0	0	0	0	736	838		
還付税額/納税額	-133	-133	-133	-133	49	83	納税額	805
納税累計額	-133	-266	-399	-532	-483	-400	納税額累計	405

※1年目は購入諸経費として300万円計上しています。
※不動産収入に係る税金だけを抽出しています。
※譲渡の税金はわかりやすくするため、譲渡収入と取得費（土地購入）だけで計算しています。

土地の借入金の利子については経費にならないということではなく、経費にはなるけれど、赤字になった場合には、赤字分から土地の借入金の利子を控除した金額が、損益通算の対象になるということです。

148頁の表の1年目の不動産所得が－1300万円となっていますが、土地負債利子が175万円あるため、損益通算の対象金額は、1300万円－175万円＝1125万円になっています。

つまり、1300万円の赤字のうち、175万円は切り捨てられているということです。この規定があるため、土地から購入する場合が多いサラリーマン大家さんは、赤字にしても思ったほど節税にならないことがよくあります。

②青色申告特別控除

青色申告をすることで、10万円の特別控除が受けられます。

さらに、事業的規模（おおむね5棟10室以上）の賃貸経営をしている方は、複式簿記による帳簿をつけて電子申告をすれば、10万円に代えて、65万円の控除が認められます。

しかし、赤字の場合には、これらの特別控除が適用できません。

10万円控除もしくは65万円の控除は、黒字の範囲内でしか控除ができないのです。

148頁の例で1年目から4年目は不動産所得が赤字になっているため、65万円の控除がありません。

③所得控除・ローン控除

社会保険料控除、医療費控除や、ふるさと納税による寄付金控除などの所得控除は、黒字の範囲でしか控除できません。

148頁の例で1年目から4年目は、不動産の赤字によって給与所得と合算で0になります。所得控除200万円あっても、控除する所得がないため、結果的に控除できず0になります。せっかく、高い社会保険料や医療費を払っても、切り捨てられることになります。

住宅ローン控除も同様です（所得税から控除しきれない部分は住民税から控除できますが、住民税も発生しなければ控除できず、切り捨てになるのです）。

④青色申告の3年間の繰越控除

青色申告の場合、赤字が出ても3年間繰り越せるという特典があります。しかし、その後3年間黒字がなければ、控除できるものがなく、切り捨てられてしまいます。

今回の例では、5年目で初めて黒字になっているため、損失の繰越額を5年目で控除することができます。

1年目の赤字の繰越額　780万円－1125万円＝－345万円
2年目の赤字の繰越額　780万円－816万円＝－36万円
3年目の赤字の繰越額　780万円－809万円＝－29万円

4年目の赤字の繰越額　780万円－803万円＝－23万円
4年間の累積の損失は、433万円です。

しかし、1年目の赤字の繰越額－345万円は、3年間しか繰り越しされず、4年目で切り捨てられることになります。したがって、5年目で控除できる損失は、2年目から4年目の赤字の累積額88万円になります。

(2) 法人で購入した場合

上記の例で、法人で購入した場合には、どのようになるのでしょうか？ 法人の場合、不動産所得などの区分がないため、不動産賃貸の損と不動産売却の利益など、あらゆる損益と合算して所得が計算されます。つまり、損益通算が可能です。

また、個人のような土地負債利子の損益通算の制限はありませんので、土地にかかる借入金の利子分も含めて全て損益通算の対象になります。さらに、法人の青色申告者であれば、10年間の繰越控除が認められます。

しかし、赤字でも法人住民税の均等割として最低7万円（地域によって若干異なる場合があります）かかります。

また、個人のような青色申告特別控除額や所得控除はありません。

個人の納税累計額が405万円に対し、法人の納税累計額は139万円になり、法人の方が税金上、266万円節税になっています。

シミュレーションする条件、金額によって節税効果は異なります。不動産投資は節税になるという思い込みだけで判断せずに、しっかりとシミュレーションをした上で、節税になっているのか、個人で購入した方がよいのか、法人で購入した方がよいのか判断するようにしましょう。

（単位：万円）

所得計算	1年目	2年目	3年目	4年目	5年目	6年目	譲渡時の税金	
家賃収入	800	800	800	800	800	800	譲渡収入	9,000
借入金利子	350	331	318	305	291	277		
減価償却費	1,250	1,250	1,250	1,250	0	0	取得費・譲渡費用	5,000
その他経費	500	200	200	200	200	200		
青色申告特別控除	0	0	0	0	0	0	譲渡所得	4,000
不動産所得金額	-1,300	-981	-968	-955	309	323		
繰越控除対象額	-1,300	-2,281	-3,249	-4,204	-3,895	-3,572		
還付税額/納税額	7	7	7	7	7	7	納税額	97
納税累計額	7	14	21	28	35	42	納税額累計	139

4.個人と法人の違い

前述の通り、個人と法人の違いを理解しておかなければ、税金が大きく変わってきてしまいます。

個人と法人の違いをまとめてみました。

(1) 保有時の税率

所得税は、超過累進税率という仕組みになっています。

超過累進とは、所得が大きくなれば大きくなるほど、高い税率で課税されるということです。所得税の税率が5%～45%。住民税の税率が一律10%。事業税が5%になっています。税率だけで考えると、全部で20%～60%もの税率になるということです。

法人税は、法人税、法人住民税、法人事業税が課税されます。法人税等（法人税、法人事業税、法人住民税）の実効税率は、所得（利益）８００万円以下が約24%、８００万円超で約36%。それ以外に個人と違って赤字でも法人住民税の均等割（東京都の場合、最低7万円）がかかります。

(2) 売却時の税率

①個人の場合

譲渡所得は、分離課税と言って、他の所得（不動産所得や給与所得など）とは別個に計算をして、税率をかけます。

譲渡所得 ＝ 譲渡収入 － 取得費 ＋ 譲渡費用

【譲渡収入】

譲渡収入とは、売却代金のことです。固定資産税の精算金は、売却代金の一部に該当するので、売却代金に含めないといけません。

【取得費】

取得費は、売った土地や建物の購入代金、建築代金、購入手数料などですが、建物の取得費は、購入代金又は建築代金などの合計額から減価償却費相当額を差し引いた金額となります。

【譲渡費用】

譲渡費用は、譲渡のために直接かかった費用です。

（例）
○売買契約書に貼る印紙代
○仲介手数料
○売却に際して行ったリフォーム費用
○更地で売却する場合の家屋の取壊し費用
など

譲渡所得がプラスになれば、譲渡益になります。つまり、売却した結果いくらもうけたのか（キャピタルゲイン）に対して課税します。これがマイナスになれば、譲渡損（キャピタルロス）で、課税されません。譲渡所得の税率は、短期譲渡か長期譲渡かによって異なります。

短期譲渡とは、譲渡する年の1月1日時点で5年以下の所有で税率が39・63％
長期譲渡とは、譲渡する年の1月1日時点で5年超の所有で税率が20・315％
譲渡する年の1月1日時点で判定します。

不動産所得の赤字と、不動産の売却益は、相殺することができません。
不動産の売却損と、不動産所得の黒字とも、相殺することができません。

②法人の場合

個人と異なり、不動産所得などの区分がないため、不動産賃貸の損と不動産売却の利益など、あらゆる損益と合算して所得が計算されます。

つまり、不動産所得と売却損益を相殺することが可能です。税率も法人税等の税率で課税されます。

(3) 青色欠損金の繰越年数

個人事業の場合、事業所得等で発生した損失は、3年間繰り越しが可能です。法人の場合は10年間(平成30年4月1日以後に開始する事業年度の場合)赤字を繰り越しできます。将来黒字になった場合、過去10年間の赤字分を利益と相殺できるので、税金を軽減することが可能です。

(4) 経費の範囲

個人の経費と法人の経費で大きく異なるということはありません。よく法人の方が経費の範囲が広がると言いますが、役員の個人的な経費を法人が負担した場合には、役員賞与と認定される場合があるため、何でも経費にできるわけではありません。

ただし、個人はプライベート活動での支出があるため、家事費(生活費)と疑われやすいとも言えます。なお、法人でないと経費にできないものもありますので、紹介しておきます。

①生命保険

個人の場合、生命保険料控除で最大4万円の控除のみですが、会社で保険をかけた場合は、保険料は一部又は全額を損金になります。2019年の通達改正で大部分が経費にならなくなってしまい使い勝手は悪くなってしまいました。

②社宅家賃

自宅を賃貸で借りている場合、会社契約に変更して社宅とすれば、家賃を法人の損金にできます。ただし、一定の家賃を会社に支払う必要はあります。

③出張日当

会社で旅費規程等を作成すれば、社長であっても出張に出かけた際の日当を支払うことができ、法人の損金にできます。日当を受け取った個人は非課税です。

④退職金

会社で退職金規程等を作成すれば、社長に退職金を支払えます。退職金は会社の損金になり、受け取った個人は退職所得となります。退職所得は勤続年数によって計算される退職所得控除額によって多額を控除でき、控除後の所得を2分の1にできます。ただし、平成24年度税制改正により、勤続年数が5年以下の役員等は退職金を受け取った際、2分の1にすることはできなくなりました。

(5) 土地負債利子がある場合の損益通算の制限

個人の場合の不動産所得については、赤字になった場合には、「土地取得にかかる借入金の利子については、損益通算の対象にはならない」という規定があります。

しかし、法人には個人のような損益通算の制限はありませんので、土地にかかる借入金の利子分も含めて全て損益通算の対象になります。

(6) 減価償却費

①個人の場合

毎年決まった減価償却を計上しなくてはいけません。これを強制償却といいます。1000万円を4年で減価償却するとした場合には、1年あたり250万円を4年で経費化することになります。

②法人の場合

法人の場合は減価償却を経費計上するのは任意となります。これを任意償却といいます。

1000万円の建物を4年で減価償却するとした場合には、1年当たり250万円を限度として、限度額までならいくらでも（１００万円でも０円でも）、経費計上することが可能です。最短で４年で減価償却してもよいし、10年かけても20年かけて償却してもよいことになります。法人の場合、戦略的に減価償却をコントロールできることになります。

(7) 経営セーフティー共済

取引先が倒産し、売掛金が回収困難になった場合に、貸付けが受けられる共済制度です。掛金として支払った全額（月20万円が限度、累積で８００万円まで）が必要経費になります。

①個人の場合

個人で賃貸経営を行っている場合には、加入はできますが、掛金を必要経費に計上することはできません。掛金を必要経費に計上することができるのは、個人の場合には、事業所得者に限られ、不動産所得者は、必要経費が認められていません。

②法人の場合

賃貸経営しか行ってなくても、加入して、経費計上することが可能です（1年以上事業を行っていることが要件）。

（8）太陽光発電収入の事業税

①個人の場合

太陽光発電を行っている個人は、「所得」に対して事業税が課税されます（最大290万円の事業主控除あり）。つまり、赤字なら事業税は課税されません。

②法人の場合

太陽光発電を行っている法人は、「収入金額」に課税されます。収入に対して課税されるため（経費が引けないため）、赤字でも税金が発生することになります。地域によって異なりますが、売電収入の約1％が課税されます。

ただし、発電事業の売上金額が主たる事業の売上金額の一割程度以下であれば、主たる事業に含めて（所得金額に対して）事業税を計算してもよいことになっています。

5．法人のコスト

法人の税制は個人と比べるとかなり有利なことがわかります。しかし、法人の運営にはコストがかかります。法人で拡大してそれなりの規模で運営していかないと費用倒れになってしまうことも考えなければなりません。

①赤字でも7万円の課税がある

個人事業の場合、赤字になれば所得税や住民税は発生しません。しかし、法人の場合は、もし赤字であったとしても法人住民税の均等割として毎年必ず最低7万円（資本金、地域によって異なる場合があります）の税金を支払う義務があります。

②税理士報酬

個人事業であれば、確定申告を事業主自身が行うことも多くあります。しかし法人化すれば、会社の経理上、必ず帳簿をつけて法人税等の申告書も作成しなければなりません。法人税申告所の作成は専門性が高く難しいことから、税理士に事務的な作業を依頼するのが一般的で、それには費用もかかります。最低でも年間20万円～30万円程度はかかるでしょう。

しかし、専門家から有益なアドバイスを受けられることもあるため、費用がかかってもメリットと捉えることもできます。

③社会保険への加入が必要

個人事業の場合、従業員に給与を支払っていても、常時雇用している人数が5名以下であれば社会保険への加入は任意となっています。

しかし法人の場合、代表者が1名だけであっても給与を払っていれば社会保険への加入が義務付けられています。社会保険には会社負担分があり負担額は増加傾向にあるため、今後大きな負担になる可能性があります。

6.社会保険の問題と対策

法人で運営する場合に悩ましいのが、社会保険の加入です。法人を設立すると、代表者が1名だけであっても社会保険の強制加入となります。

よく「従業員5人未満なら社会保険の加入義務はない」と言う方がいますが、それは個人事業主の場合です。

法人の場合には、従業員の人数は関係なく、加入の義務があります。社会保険料を考慮して、法人を設立するのか、役員報酬の金額をいくらにするか、慎重に判断しなければなりません。

なお、社会保険料の負担は、健康保険と厚生年金と合わせて、給与金額の約30%になります。例えば、年収が500万円の場合の社会保険は、約150万円になります。この保険料は、会社と従業員（役員）の折半で払うことになります。給与金額の約15%（右記の例の場合、約75万円）が会社が負担してくれるので、従業員にとっては、非常によい制度とも言えます。

しかし、サラリーマン大家さんが設立されるような会社は、自分の会社（同族会社）なので、会社負担といっても、自分が負担するのと変わりがなくなります。社会保険に加入すると、金銭的な負担が大きくなってしまうのです。

今後の社会保険の負担に備えて、負担を抑える対策を挙げてみます。

(1) 報酬ゼロにする（法人税を払う）

役員報酬を支払うと社会保険の負担が発生します。役員報酬を支払わなければ、社会保険の負担はなくなります。

ただし、役員報酬を支払わないと、会社に利益が残ることになるため、法人税等がかかります。法人税等の税率は個人の超過累進税率と比べると抑えられる可能性があります。

例えば、所得が400万円の場合、給与を出さなければ、法人税等は、約80万円（均等割を除く）になります。給与400万円を出した場合には、社会保険の負担約120万円と個人の所得税・住民税の負担が発生します。給与を出さずに、法人税等を払った方が負担は少なくなります。

(2) 非常勤役員の活用

役員でも、非常勤役員の場合には、社会保険の加入は任意になります。社会保険に加入しなければ、非常勤役員に給与を出しても、社会保険の負担はなくなります。

ただし、非常勤か常勤かは、定期的な出勤の状況、法人の中での権限、報酬の金額などの実態を総合して判断されることになります。

（3）給与以外でもらう（課税なし）

給与を払わず、法人税の負担も抑えたい場合には、給与以外で経費をつくることが考えられます。単純に経費を使うと、支出も伴うため現金がなくなってしまいます。そこで、個人で負担していた支出を会社の支出にしたり、現金が積み立てられる制度を利用すると効果的です。

①生命保険を会社で掛ける。

個人で生命保険をかけていても、生命保険料控除で最大4万円が所得控除になります。会社で生命保険をかけると、掛け捨てなどの保険料は、原則、全額損金になります。積立型の保険に加入すれば、保険料の一部を経費としながら、現金を貯蓄できます。

②セーフティー共済に加入する。

取引先が倒産し、売掛金が回収困難になった場合に、貸付けが受けられる共済制度です。掛金として支払った全額が必要経費になります。掛け金は、月額最大20万円（年２４０万円）までです。ただし、掛金総額８００万円までが積立限度額で、それ以上の金額は掛けられません。

不動産所得のみの個人の場合は、加入はできますが、掛金を必要経費に計上することはできません。法人であれば、掛金を全額経費にすることが可能です。40ヶ月以上掛金をかけることで、解約手当金は100％戻ります。

なお、解約手当金は、全額収入になりますのでご注意ください。

③自宅を社宅利用する。

自宅を賃貸で借りている場合、会社契約に変更して社宅とすれば家賃を法人の損金にすることができます。ただし一定の家賃を会社に払う必要があります。

④出張旅費規定を作り日当を支給する。

会社で旅費規程等を作成すれば、社長であっても出張に出かけた際の日当を払うことができます。日当は法人の損金になります。日当を受け取った個人は非課税になります。

（4）給与以外でもらう（課税あり）

個人に給与を出すと、社会保険が発生するので、給与以外で個人に現金を支給できないかを検討します。

この場合、会社から個人への支出は、会社の経費になりますが、支給を受ける個人は所得になるため、個人の所得税・住民税と会社の法人税等を比較して、個人に支出した方が有利な場合に利用されるとよいでしょう。

①利息を支給する。

個人が会社に貸しているお金があれば、その返済とともに利息を支給することにします。個人が受け取った利息は雑所得として所得税課税されますが、社会保険の負担はありません。

※会社が社債を発行することで、個人が受け取る利息を利子所得として20％課税ですます方法がありましたが、平成28年1月1日以降に受け取る同族会社の社債利息は総合課税になりました。

②賃料、地代。

個人が会社に貸している物件や土地があれば、会社から賃料や地代として支給することにします。個人が受け取った賃料や地代は不動産所得として所得税課税されますが、社会保険の負担はありません。

③退職金を支給する。

会社で退職金規定等を作成すれば、役員に退職金が支払えます。退職金は会社の損金になり、受け取った個人は退職所得となります。退職所得は、勤続年数によって計算される退職所得控除額で大きく控除でき、控除後の所得を2分の1にできます。

なお、平成24年度税制改正により、勤続年数が5年以下の役員等が退職金を受け取った場合には、2分の1の計算が使えなくなりました。退職金については、社会保険の負担はありません。

(5) その他

月額の給与を抑えて、賞与で支給することで社会保険料を抑えるという方法もあります。ただし、給与金額が多い場合（年収８００万円以上）でないと、効果がないため、詳しくは専門家などに相談してください。

会社を設立して、安易に給与を出すと社会保険の負担で、法人にお金が残らない自体になる可能性があります。会社を設立したら、社会保険の負担が増えない設計をするようにしましょう。

［第12章］

売却の税金の節税

1. 投資家のメリット

（1）地主は羨ましい？

私は地主の2代目です。私の税務のクライアントには、地主さんもいれば、投資家さんもいらっしゃいます。投資家さんから、「地主は、もともと土地を持っているからうらやましい」「投資家は土地から仕入れなければならないので、地主から比べると不利だ」と言わることがあります。土地を持っている地主って本当に有利なのでしょうか？

私は、逆だと思っています。「土地を持っていない投資家さんの方が、地主よりも有利なのだ」と。地主さんというのは、先祖代々から引き継がれた土地に固執する傾向にあります。自分が所有している土地の上に、アパートやマンションを建築することが一般的でしょう。つまり、そこで立地が決まってしまうのです。

本来であれば、その立地が賃貸をすることに適しているのか、市場調査をしながら、しっかりと検討しなければならないはずです。しかし、現実的には、相続税対策になるからとか、固定資産税が下がるから、など、賃貸経営とは関係のない判断要素が加味されて、判断がなされることも少なくありません。そして、そのような地主さんに限って、大きな借入金を背負って、大型マンションを建ててしまうのです。そうなると、その地域の賃貸ニーズがどうであっても、もう、その場所で賃貸経営をやっていくしかなくなるのです。家賃の値下がりが続いても、空室が増えていってもです。

地主の家系なので、その気持がよく分かるのですが、先祖代々の土地を売ることには、かなりの抵抗があります。自分の代で、手放すことになるのは避けたいのです。赤字でもなんとか残そうとがんばっている地主さんを見ていると、大きな透明の十字架を背負っているんだなぁと思うことがあります。

(2) 所有し続けることのリスク

投資家さんの中には、購入した不動産は、ずっと持ち続けるというスタンスの方がいらっしゃいます。不動産に愛着を持ち、長く稼いでもらおうという気持ちは、とてもよいことだと思います。同時に、賃貸不動産を長く所有することは、リスクだと思っています。建物は古くなっていくため、定期的な修繕の他に大規模修繕をしなければなりません。

さらには建て替えです。建築費以外にも立退き料や取り壊し費用などの多額な費用がかかります。そこまでの費用をかけて、その立地で賃貸経営を続けていくのか、その覚悟はあるのか、冷静に考えてみてください。その覚悟がなければ、早目に手放すことを考えないと、売り時を逃してしまう可能性があるのです。

(3) 投資家のメリットを最大限に活かすなら

私は、建て替えをして賃貸経営を続ける覚悟でやっています。しかし、投資家さんは、そこまで気負う必要もないはずです。

まず、投資先の土地を選定し、売り時を見極めて売却し、次の土地に投資することができるのは、土地に執着しない投資家さんならではです。

ですから私は、物件を購入したての投資家さんに「長く持ち続けることはリスクです。売却時期は今から考えておくようにしてください」と言っています。それが、投資家としてのメリットを最大限活かすことになるからです。

物件を購入したときから「持ち続けるのか、将来売却するのか」を決めておくべきです。そうしないと、持ち続けようと考えていたところ、やっぱり売却しようと思って、実際に売ってみると損をしてしまう可能性があるからです。

例えば次の2つのケースで考えてみましょう。

①大規模修繕・建て替え時に売却するケース

大規模修繕や建て替え時期になって、お金がかかるのは嫌だといって、売却に踏み切る方は少なくないです。でも、そこで売却した場合に、高く売却できるのでしょうか?

おそらく購入する人も大規模修繕、建て替えを見込んで購入するでしょうから、その分の費用を売却金額から引いて欲しいと要望される可能性があるのです。ストレートな言い方をすれば、安く買いたたかれるのです。

とくに、建て替えは、立ち退き費用、取り壊し費用が多額にかかります。鉄筋コンクリートの解体費用は、数千万円になることもあるのです。それであれば、建て替えの時期よりももっと手前で売却した方が高く売却できたかもしれないのです。最終的に売却するのであれば、高く売却した方が良いに決まっています。

しかし、建て替えの段階までずるずるとその決断を先送りにしたばかりに、高く売却する機会を失ってしまうことがよくあるのです。

②築が古い物件を売却するケース

売却する場合に、買い手がつくかどうかの判断基準は非常に重要です。つまり、買い手がつかなければ、売却できませんし、買い手が少なければ、価格を下げざるを得ないこともあるのです。

この買い手がつくかどうかは、融資が受けられるかに左右されます。不動産をキャッシュで購入できる人はごく一部に限られています。たいていの方は銀行で融資を受けるのです。この融資が受けられなければ、購入できない人の方が圧倒的に多いのです。

この融資で大事なことは、融資期間です。銀行の融資期間は、「法定耐用年数－経過年数」が最大と言われています。

この期間が短ければ、短い期間でしか融資を受けられないことになります。融資期間が短いと、返済額が高くなります。現実的に家賃収入では返済できないと、融資してもらえません。さらに、経過年数が法定耐用年数を超えていると、融資自体が無理な銀行もあります。

このように、築年数によっては売却しづらいという側面があるのです。

例えば、築25年の鉄筋コンクリートのマンションを購入し、15年目に売却しようと考える場合

47年（鉄筋コンクリートの耐用年数）－40年（経過年数）＝7年

7年の期間で融資を受けることになります。よほど家賃収入が高くないと返済ができません。そうなると、多額の頭金を入れられる方のみが融資を受けて購入できるということになります。そして、そのような方は数少ないので、立場が強くなります。ストレートな言い方をすれば、足元を見られるということです。

このように築年数が経てばたつほど、（市場のマーケットとは別に）売却金額が下がるリスクがあるということなのです。

私はこれを『売却寿命』と呼んでいます。高く売却するためには、融資期間が取れる時期にする必要があるということです。

（4）カリスマ大家さんの共通点

不動産投資家の世界では、カリスマ大家さんと呼ばれる方がいます。ゼロから不動産投資を始めて、莫大な資産を築き、不動産だけで十分生活できるような方です。そのようなカリスマ大家さんとそうでない投資家さんとは、一体何が違うのでしょうか。

それは「物件の入れ替えのタイミングが抜群に上手い」ということです。古くなったタイミングで、より新しい物件、良い立地の物件に入れ替えられているのです。賃貸経営は所有していればいるほど、家賃収入の下落や修繕費の支出の増加などにより、手残りが少なくなっていきます。利回りが高い物件を購入しようと思っても、物件価格が高くなり、思ったような利回りが出てこないことがあります。ある程度売却益を狙っていかないと不動産投資は上手くいかない時代になってきたのではないかと考えます。

借入金で投資をする場合、利回りが高ければ、借入金を完済するまで保有し続けるということも可能です。借入金を完済してしまえば、いつまで保有していようが、いつ売却しようが自由です。

しかし、そこまで利回りが高くなければ、借入金を完済するまで保有し続けることは難しいのではないでしょうか。つまり、手元のキャッシュが貯まらないため、時間が経過することによる家賃の下落や空室損失、修繕費の増加などでさらにキャッシュがなくなっていきます。さらに、繰り上げ返済をすることもできない。せいぜい、空室対策をして耐え忍ぶしかなくなってしまいます。「金銭的な自由を手に入れる」と思い描いていた不動産投資が、金銭的な不安を抱えることになってしまうことになりかねません。そうならないように適切な時期に適切な金額で売却して、物件を入れ替えていく必要があるのだと思います。

2. 売却に係る税金（個人の場合）

売却を考える上で、税金の知識は切っても切り離せません。売却する前に税金を見込んでおかないと、手元にお金が残らず、戦略が崩れてしまうことになりかねません。最低限の税金の知識は抑えておくべきです。

(1) 譲渡税の計算方法

個人が不動産を売却した場合には、不動産に係る譲渡所得として課税されます。不動産に係る譲渡所得は、分離課税といって、他の所得（不動産所得や給与所得など）とは分けて個別に計算をします。給与所得や不動産所得は、総合課税といって、合計した所得金額に応じて税率（超過累進税率）が決まります。しかし、分離課税は、所得に応じて税率が決まることはなく、決まった税率で課税されることが特徴的です。

このことが有利に働くこともあれば、不利に働くこともあります。

譲渡所得の計算は、下記の算式で算出していきます。

譲渡所得 ＝ 譲渡収入 － （取得費 ＋ 譲渡費用）

①譲渡収入

譲渡収入とは、売却代金のことです。固定資産税の精算金は、売却代金の一部に該当するので、売却代金に含めないといけません。

②取得費
取得費は、売った土地や建物の購入代金、建築代金、購入手数料などですが、建物の取得費は、購入代金又は建築代金などの合計額から減価償却費相当額を差し引いた金額となります。

③譲渡費用
譲渡費用は、譲渡のために直接かかった費用に限られます。

（例）
○売買契約書に貼る印紙代
○仲介手数料
○売却に際して行ったリフォーム費用
○更地で売却する場合の家屋の取壊し費用
など

譲渡所得がプラスになれば、譲渡益になります。つまり、売却した結果いくら儲けたのか（キャピタルゲイン）に対して課税します。これがマイナスになれば、譲渡損（キャピタルロス）となり、課税されることはありません。

④譲渡所得の税率

税率は、所有期間によって短期譲渡か長期譲渡に区分され、それぞれ税率が決められています。

短期譲渡とは、譲渡する年の1月1日時点で5年以下の所有で税率が39・63％（所得税・復興税30・63％、住民税9％）

長期譲渡とは、譲渡する年の1月1日時点で5年超の所有で税率が20・315％（所得税・復興税15・315％、住民税5％）

期間は、譲渡する年の1月1日時点で判定します。例えば令和5年8月に売却した場合、平成30年7月に取得した不動産は、期間は5年を超えているのですが、譲渡する年（令和5年）の1月1日時点では、5年以下になるので短期譲渡になります。

【計算例】

7年前に1億円で購入した賃貸物件（土地7000万円、建物3000万円）を1億3000万円で売却した場合

譲渡費用は、収入印紙6万円、仲介手数料394万円。

売却した時点の建物の未償却残高は、600万円。

1億3000万円－8000万円（※）＝5000万円（譲渡所得）

※7000万円＋600万円＋6万円＋394万円

5000万円×20・315％（長期譲渡）＝**1千157万5000円（所得税・住民税・復興税）**

（2）譲渡所得の節税策

個人の譲渡税は、様々な経費とぶつけられる法人と違って、節税策はかなり限られることになります。次の4つが節税のポイントになります。

①特例が適用できないか

賃貸物件の売却の場合、主に適用できる特例は次の2つです。

（ⅰ）平成21年、平成22年に購入した物件を売却する場合

土地の売却益から1000万円を控除してくれます。

（ⅱ）10年超保有していた物件を売却し、新たに買い替えする場合

買い替えにより取得した物件の価額により最大80％利益を圧縮（課税の繰り延べ）することができます。ただし、買換え資産が土地の場合には、土地の面積が300㎡以上のもの（青空駐車場などは不可）で、かつ、譲渡した土地の面積の5倍以内という要件があります。

②取得費に入れられるものあるか

取得費は、売った土地や建物の購入代金、建築代金、購入手数料などですが、建物の取得費は、購入代金又は建築代金などの合計額から減価償却費相当額を差し引いた金額となります。

賃貸物件の場合には、すでに経費にしている購入時の登記費用や不動産取得税、入退去時のリフォーム費用は、取得費になりません。

しかし、賃貸物件ではない不動産（非事業用）の場合には、経費にしていない右記の費用は取得費になります。取得費になるものがないか再度確認してみてください。

③譲渡費用に入れられるものがあるか

譲渡費用は、譲渡のために直接かかった費用です。

（例）

○売買契約書に貼る印紙代

○仲介手数料

○売却に際して行ったリフォーム費用

○測量費

など

なお、抵当権の抹消費用は譲渡費用になりません。

④売却損になる不動産を売却できないか

個人の譲渡税の計算は、給与や不動産収入とは、別で計算し（分離課税）、不動産所得の赤字とは相殺はできませんが、同じ年に売却した不動産の譲渡益と譲渡損は相殺することができます。譲渡損が出そうな物件を売却することで、売却益とぶつけることが可能です。時価で売却するのであれば、同族法人に売却しても構いません。

3.売却に係る税金（法人の場合）

法人で売却した場合の特徴は、保有期間にかかわらず税率が変わらないということです。中小法人の場合、課税所得が８００万円以下の実効税率（法人税、法人事業税、法人住民税）は約24％、８００万円超で約36％です。

短期で売却するのであれば、税率は法人の方が有利になります。また、長期で売却しても、課税所得が８００万円以下にできれば、税率は個人の長期譲渡の場合と大きく変わらないようにできます。

さらに法人であれば、個人のように売却益は分離課税ではなく、他の収入などと合算して計算されます。

ですから、個人の場合は不動産所得の赤字と、不動産の売却益は、相殺することができません。

また不動産の売却損と、不動産所得の黒字とも、相殺することができません。

しかし、法人の場合には売却益が出ても、個人のように不動産の売却が別計算ということはありません。すべて合算での計算なので、賃貸経営の赤字、他事業の経費などと合算して計算されることになるため、左記のような節税策が使えます。

○給与の支給
○退職金の支給
○倒産防止共済（セーフティ共済）の加入…月20万円まで（総額８００万円まで）掛金が経費になります。40ヶ月以上掛けることで解約時に１００％戻ってきます（全額収入になります）。
など

4．売却に係る税金（不動産M＆Aの場合）

（1）不動産M＆Aとは？

法人で不動産を所有する場合、不動産を売却するのではなく、会社ごと売却するという方法があります。これを不動産M＆Aと言われることがあります。会社を売却するとは、個人が所有する会社の株式（出資）を売却することになります。

(2) 不動産M＆Aのメリット

なぜ会社ごと売るのかというと、売主、買主ともにメリットがあるからです。

①売主のメリット
会社が所有している不動産を売却し、売却利益が出た場合には、法人税等が課税されます。税率はざっくりと、利益800万円までが約24％、800万円を超えた部分については約36％になります。これを会社ごと売却すると、個人の所有する株式の譲渡となります。株式の譲渡の税率は、所得税住民税あわせて20・315％です。会社ごと売却することで税率が低くなるため、節税になるということです。

②買主のメリット
不動産で購入すると、所有権の移転登記、（根）抵当権設定登記などの登記費用、不動産取得税がかかります。高額な物件だと、これらの費用だけで数百万～数千万円かかります。また建物売却に係る消費税の課税も発生することがあります。会社ごと売却すると、これらの費用はかかりませ

ん。株主構成が変更となり、代表者などの役員を変更するだけで、不動産の名義は何も変わらないからです。登記を移転させる必要がありませんし、不動産取得税も発生しません。また借り入れも引き継げば、不動産購入のための借り入れも発生せず（根）抵当権の設定も必要ありません。

（3）不動産M&Aの落とし穴

メリットだけを見ると会社ごと売却した方が良いのではないか？と思ってしまうと思います。しかし、注意点もあります。

①手数料が高くなる可能性がある

不動産売却を仲介してもらった不動産会社に支払う仲介手数料の上限が法律で決められていますが、M&Aの仲介会社を規制する法律はありません。宅建のような免許は必要ありませんし、仲介手数料の上限が定められていません。高額な仲介手数料を請求されることもありますので注意が必要です。

②高値で売却できるのか？

買主にとって、諸費用がかからないメリットがあるからと言って、会社を高く買ってくれるのでしょうか？買主にとっては左記デメリットがあるため、むしろ安く買いたたかれる可能性があるのです。

○将来売却した際の税金の問題

不動産で購入した場合は、購入金額がその不動産の取得費になります。しかし、会社を購入した場合には、不動産の購入金額は、売主の購入金額（帳簿価額）を引き継ぐことになります。

もし将来、会社所有の不動産を売却した場合には、利益が大きくなって税金を多く取られることになるのです。売主が払う税金が繰り延べられて、買主に引き継がれるイメージです。もちろん、会社ごと売却すれば20・315％の税率になります。

しかし、短期で株式を売却する場合、土地に占める割合が70％以上などの要件に該当すると、短期所有土地の譲渡に類似する株式の譲渡として、短期譲渡所得の課税（39・63％）をされることになります。

○資金調達の問題

不動産で購入する場合には、その不動産を担保に入れて融資を受けることができます。会社ごと購入する場合には、買主個人が株式を購入するための資金を準備しなければなりません。自己資金で賄えればよいですが、自己資金がない場合に、株式を購入するための融資をしてもらわなければならず、相当な資産や収入がある人でないと融資は難しい可能性があります。

○簿外債務リスクの問題

会社ごと購入する場合には、会社の所有する財産（不動産）以外にも、債務（借金）のすべてを引き受けることになります。

この債務は、現在あるもの以外にも、将来発生するものもあります。例えば、過去の入居者や隣地とのトラブルが発生していて、将来、損害賠償請求を起こされるかもしれない債務です。これらは決算書だけでは把握できません。

そのリスクをなくすためには、専門家に調査（デューデリジェンス）を依頼しなければならず、費用が多額にかかることがあります。

［第13章］

消費税の節税とインボイス制度

賃貸経営で消費税を納める場合は限定的です。消費税を納めている人は少ないと言えるでしょう。しかし、令和5年10月1日から始まるインボイス制度で、消費税が無縁というわけにはいかなくなりました。まずは消費税についての基本的な知識を身につけておきましょう。

1. 消費税の課税事業者になる場合

課税事業者とは、消費税の申告義務がある人です。消費税の申告義務がない人のことを、免税事業者といいます。原則、2年前（2期前）の課税売上が1000万円超えている場合に、消費税の課税事業者になります。これは年（期）ごとに判定していきますので、課税売上によって、消費税の課税事業者になったり、免税事業者になったりする場合があります。

また、免税事業者は、消費税の課税事業者選択届出書を提出することで、課税事業者になることもできます。（消費税還付を受けるためには、課税事業者になっている必要があります）

大家さんの売上の中で、課税売上になるものとならないものを整理すると、下記のようになります。

住宅用アパート・マンションを所有する大家さんは、非課税売上がほとんどな

課税売上げになるもの	非課税売上げになるもの
店舗、事務所の家賃、共益費	住宅用の家賃、共益費
駐車場（施設）の賃料	土地の賃貸料
賃貸建物の売却金額	土地の売却金額

ので免税事業者である場合が多いです。

2．住宅の家賃しかなくても、課税事業者になる場合

アパートやマンションなど住宅用の家賃しか入ってこない場合でも、課税事業者になる場合があります。賃貸不動産を売却した場合です。

課税売上げになるもののなかに、「賃貸建物の売却金額」があります。売買金額のうち建物の売却金額が課税売上になります。土地の売買金額は非課税売上です。売却した年が免税事業者であれば、売却したとしても消費税を納める必要はありません。

しかし、建物の売却金額が1000万円を超える場合、売却した年の課税売上高が1000万円を超えるため、その2年後に課税事業者になるのです。

賃貸経営の場合、免税事業者が突発的に課税事業者になる場合があるため、気をつけなければならないのです。

3．住宅用の家賃しかなくても気をつけるべき課税売上

課税事業者になる年では、自動販売機の手数料、駐車場賃料、事務所・店舗の賃料がある場合、その収入金額が少なくても、消費税の申告をして、納税をすることになります。これらの収入がな

い、つまり、賃貸住宅の家賃収入しかなければ、非課税売上のみになるため、消費税の納税は発生しないことになります。

では、住宅用の家賃収入しかなければ、特に気を付けることがないのでしょうか？　敷金・保証金から充当する借主負担の原状回復工事費用相当額は、消費税の課税の対象になります。実務上、借主負担のリフォーム費用を敷金から精算して、オーナーが代わりにリフォームするケースが多いのではないかと思います。

この借主負担の修繕負担金は、収入に計上し、かつ、課税売上に該当します。借主は、退去に際して原状に回復する義務があることから、借主に代わって貸主が原状回復工事を行うことは役務の提供に該当するためです。

賃貸住宅の家賃収入だけであっても、消費税の納税が発生する場合があるため、注意が必要です。

4．課税事業者が建物等を売却する場合の注意点

また、課税事業者になった年に、さらに賃貸不動産を売却すると、建物の売却金額に消費税がかかります。

例えば、不動産を５０００万円で売却、うち建物金額が２０００万円（税込）とすると、約１８２万円（２０００万円×１１０分の10）を消費税として納めなければなりません。消費税の計

算上、売却した建物に係る消費税を、建物購入したときに係る消費税（売却した年より前に購入した場合）を差し引くことはできませんので注意をしてください。なぜならば、消費税の計算は、所得税の計算とは異なり、利益（差益）に課税されるわけではありません。

建物（固定資産）の取得時に、減価償却をするために資産計上することはなく、購入時に全額仕入れ税額控除の計算をします（個別対応方式の場合、非課税売上に対応する課税仕入れは控除できません）。

したがって、建物（固定資産）の売却時に、売却収入が課税売上になり、建物を売却した年より前に購入していた場合には、すでに仕入税額控除の計算されているため、売却時の仕入税額控除はできないことになります。ですから、売却損であったとしても、消費税がかかるのです。この場合、消費税の課税事業者の年に売却を避けて免税事業者の年に売却すれば、消費税を払わなくてよい可能性があります。

また、簡易課税になっていれば、みなし仕入率（60％）分の消費税が控除されるため、約182万円の消費税が約73万円に抑えられます。

5. 簡易課税制度

簡易課税制度とは、中小規模事業者の方に消費税の計算を簡単にしてくれる制度です。消費税の原則は、預かった消費税から支払った消費税を差し引いた金額を納めます。簡易課税制度では、「みなし仕入率」というパーセンテージを使い、売上にそのパーセンテージをかけたものと仕入れにかかる消費税とみなすということにしています。仕入に係る消費税に関係なく、売上に係る消費税だけで、納税する消費税を計算する制度です。

テナントの家賃収入、駐車場収入は不動産業として第6種事業になります。10万円の消費税を受け取ったものに対して、支払う消費税は6万円になります。控除できる消費税が、売上に係る消費税の40%未満なら簡易課税制度が得になります。いわば合法的に益税が認められるのです。

不動産を売却した収入は、第4種事業になります。みなし仕入率60%が控除できることになります。簡易課税制度を利用するための要件があるので注意してください。

【要件】

○2年前（2期前）の課税売上高が5000万円以下であること。

○簡易課税の適用を受けようとする課税期間の開始の日の前日までに「消費税簡易課税制度選択届出書」を提出していること。

「消費税簡易課税制度選択届出書」を提出した場合、2年間は簡易課税制度をやめることはできません。（ただし、簡易課税制度選択届出書を提出している場合であっても、基準期間の課税売上

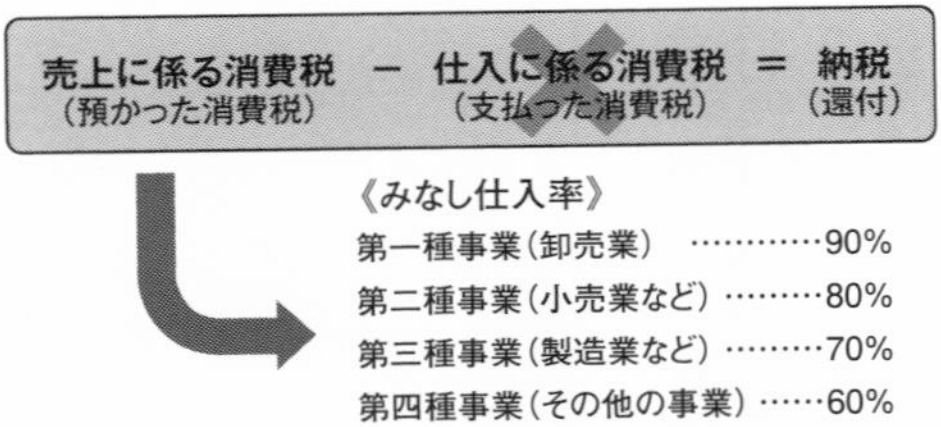

高が5000万円を超える場合には、その課税期間については、簡易課税制度は適用できません）

6.課税事業者が建物等を購入する場合の注意点（平成28年度税制改正の影響）

消費税の課税事業者になっている場合に、不動産を売却する以外にも、不動産を購入することにも注意をしなければなりません。消費税の課税事業者（原則課税）が、平成28年4月1日以後に建物等の高額資産を取得した場合には、注意が必要です。

消費税の課税事業者（原則課税）になっている年に、1000万円（税抜）以上の建物、附属設備、構築物などを購入した場合には、その年を含む3年間課税事業者が強制されることになります。

賃貸住宅の消費税還付を防ぐ目的のために税制改正があり、平成28年4月1日以後に建物等の高額資産を取得した場合には、（図A）のようなルールになっています。課税事業者である期間が延びてしまうのです。

（図A）は、購入する年に原則課税になっている場合の適用です。簡易課税になっていれば回避することが可能です（図B）。ただし、簡易課税にすると、購入に係る消費税の還付をすることができなくなりますので気を付けてください。

（図A）

20X1年	20X2年	20X3年	20X4年	20X5年
免税事業者 建物売却 1,000万円超	免税事業者	課税事業者 （原則課税） 建物購入 1,000万円以上	課税事業者 （原則課税）	課税事業者 （原則課税）

（図B）

20X1年	20X2年	20X3年	20X4年	20X5年
免税事業者 建物売却 1,000万円超	免税事業者	課税事業者 （簡易課税） 建物購入 1,000万円以上	免税事業者	免税事業者

7.不動産投資の消費税還付はできなくなった？

消費税の原則の計算は、預かった消費税から支払った消費税を差し引いた差額を納税します。支払った消費税の方が預かった消費税よりも大きければ、還付を受けることができます。アパート、マンションなど賃貸住宅を購入・建築に係る消費税も還付できる時代がありました。

しかしこの消費税還付について、税制改正を繰り返し塞がれては、抜け道を探るという攻防がありましたが、令和2年の税制改正でその終止符が打たれました。いきすぎた消費税還付を規制するために、令和2年10月1日より、「原則として、国内において行う居住用賃貸建物に係る課税仕入れ等の税額については、仕入税額控除の対象としない」とされたのです。これにより原則、還付はできなくなりました。

なお、店舗ビルの建築や購入、太陽光発電設備の購入など、課税売上が発生する建物などに係る消費税は、消費税還付をすることは今でも可能です。

売上に係る消費税 − 仕入に係る消費税 ＝ 納税（還付）

住宅用賃貸建物は控除させない

8.民泊物件にすれば消費税還付できるってホント？

アパート・マンションでも消費税還付できる場合があります。課税売上となる課税賃貸用に供した場合です。民泊の収入は、住宅宿泊事業に該当するため、消費税の課税売上になります。

居住用賃貸建物とは，住宅の貸付けの用に供しないことが明らかな建物「以外」の建物を言います。

《消費税基本通達11－7－1》

住宅の貸付けの用に供しないことが明らかな建物とは、建物の構造及び設備の状況その他の状況により住宅の貸付けの用に供しないことが客観的に明らかなものをいい、例えば，その全てが店舗である建物など建物の設備等の状況により住宅の貸付けの用に供しないことが明らかな建物が該当します。

民泊は設備が住宅用となっているため、居住用賃貸建物に該当し、購入時に消費税還付ができないことになります。

しかし、例外として、居住用賃貸建物を取得した日から第3年度の課税期間の末日までに、課税賃貸用に供した場合には、課税賃貸割合分の仕入税額控除の調整ができることになっています。（売却した場合の例外もあります）

居住用賃貸建物に係る消費税額 × **課税賃貸割合** ＝ **調整税額**

ざっくりと要約すると

課税賃貸割合 ＝ 分母のうち課税賃貸用の家賃収入の合計 ÷ 居住用賃貸建物の第3課税期間までの間の家賃収入の合計

居住用賃貸建物を購入した後、３年以内に課税売上げが発生している場合、３年目に、居住用建物に係る消費税×課税賃貸割合分だけを還付の対象とするということです。

（例）１億１０００万円の建物（消費税１０００万円）を購入。３年間全て民泊利用。
１年目売上　８００万円（うち民泊収入８００万円）
２年目売上　８００万円（うち民泊収入８００万円）
３年目売上　８００万円（うち民泊収入８００万円）

課税賃貸割合 ＝ （800万円＋800万円＋800万円） ÷ （800万円×3年） ＝ 100%

調整税額 ＝ 1000万円 × 100% ＝ 1000万円

１０００万円が3年目の消費税の計算の際に、仕入税額控除の対象になる。つまり、３年後に還付されることになります。

（例）１億１０００万円の建物（消費税１０００万円）を購入。３年間一部民泊利用。
１年目売上 ８００万円（うち民泊収入８００万円）
２年目売上 ８００万円（うち民泊収入４００万円）
３年目売上 ８００万円（うち民泊収入２４０万円）

課税賃貸割合 ＝ **（800万円＋400万円＋240万円）** ÷ **（800万円×3年）** ＝ **60%**

調整税額 ＝ **1000万円** × **60%** ＝ **600万円**

６００万円が３年目の消費税の計算の際に、仕入税額控除の対象になる。

この規定は、取得時に課税事業者になっていないと適用されません。免税事業者が取得して、その後に課税賃貸収入が発生しても還付の対象にならないため、ご注意ください。

9.インボイス制度とは

賃貸住宅建物の消費税還付が規制されて大家さんにとって消費税は無縁のものになりつつありました。しかし、令和5年10月1日インボイス制度が始まると、そういうわけにはいきません。実は、大家さんに大きな影響を与える制度なのです。

(1) 5つのポイントで抑えるインボイス制度

消費税の仕組みがわからないと理解するのが難しいですが、まずはインボイス制度を理解するために5つのポイントをしっかりと理解しましょう。

ポイント① 免税事業者こそ影響がある

住宅用アパート・マンションを所有する大家さんは、非課税売上がほとんどなので免税事業者である場合が多いです。だからこそ、インボイスの影響を最も受ける業種なのです。

ポイント② インボイス登録は課税事業者のみ

インボイス登録事業者になるためには、課税事業者である必要があります。

課税事業者は、原則、2年前(2期前)の課税売上が1000万円超えている場合です。課税売上が1000万円以下であっても消費税の課税事業者選択届出書を提出することで、課税事業者になることもできます。

なお、免税事業者が令和5年10月1日から令和11年9月30日までの日の属する課税期間中に登録を受ける場合、課税選択届出書を提出する必要なく、課税事業者になることができる経過措置が設けられています。

つまり、免税事業者はインボイス登録と引き換えに、消費税を納めることになるということです。

ポイント③　登録するかどうかは任意

インボイス制度が始まるから免税事業者は課税事業者になってインボイス登録しなければならないということではありません。

インボイス登録は義務ではなく、任意です。今まで通り免税事業者を維持してもいいし、インボイス登録して課税事業者になってもよいということです。その判断は個々の大家さんに委ねられているのです。

ポイント④　インボイスがないと仕入税額控除ができない

登録が任意であれば、登録しなくてよい。というわけにはいかないのです。なぜなら、「インボイス登録事業者が発行する請求書や領収書（インボイス）がないと仕入税額控除ができない」というルールになるからです。

インボイス制度導入前では、借主は大家が免税事業でも課税事業者でも影響を受けません（図A）。制度導入後は、借主は大家が免税事業者か課税事業者かで消費税の負担が異なります（図Ｂ）。

ポイント⑤　インボイス制度によって益税がなくなる

ここにインボイス制度の本当の狙いがあります。それは、益税をなくすこと。

テナントの家賃もらっていながら課税売上が１０００万円未満の大家さんは、消費税を受け取ってもその消費税を納めなくてよいのです。これが益税として大家さんの利益とすることができました。インボイス制度が始まることによって、大家さんが免税事業者の場合は、借主（テナント入居者など）に消費税を負担してもらう。大家さんがインボイス登録して課税事業者になれば、大家に消費税を負担してもらう。いずれでも消費税は徴収される。つまり益税がなくなるということなのです。

（A）《インボイス制度導入前》

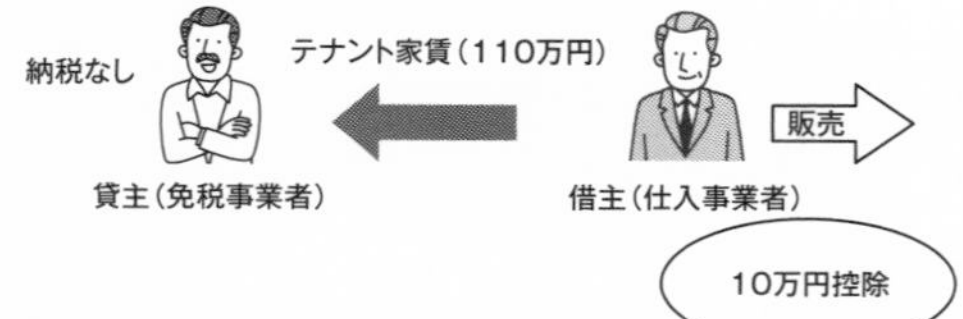

（B）《インボイス制度導入後》

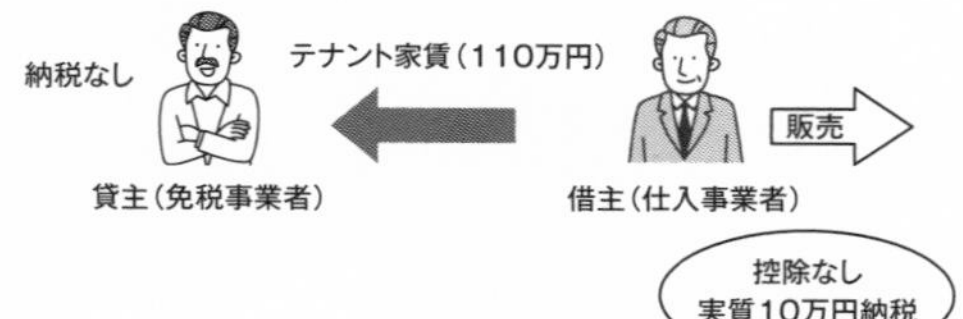

（2）消費税を納めるか家賃を減額するかの選択

大家さんが免税事業者のままでは、テナント入居者さんが消費税分を実質的に負担することになってしまいます。借主は余計な消費税の負担を回避したいと考えるのは当然のことでしょう。インボイスが開始されると借主は次のように行動し、大家さんとして選択をしなければならない事態が起こりえます。

《借主として取る行動》
○退去して、インボイス登録している貸主の物件を借りる
○大家に消費税分を減額するように要求する

《大家さんとして取る選択肢》
○課税事業者となってインボイス登録事業者となる
○家賃のうち消費税分を減額すること

このような状況を迫られるのは、店舗・事務所利用で貸している部屋がある場合の他、駐車場収入、太陽光発電収入など課税売上が（少額でも）ある場合です。

10.インボイス登録が必要か？

インボイス制度は大家さん全てに影響するわけではありません。まずはインボイス登録が必要かどうかを判定するためのフローチャートを見ていきます。

(1) すでに課税事業者の場合

毎年の課税売上が1000万円を超えているなど、すでに消費税の課税事業者になっている方はインボイス登録をしましょう。課税事業者であれば、消費税を納税しているため、インボイス登録をすることによって新たな税負担はありません。登録しないことで、テナント借主などが払う家賃の消費税が控除できない（仕入税額控除ができない）ことになってしまいます。

(2) 免税事業者で課税売上の取引先がない場合

住宅用の家賃については非課税とされています。社宅は

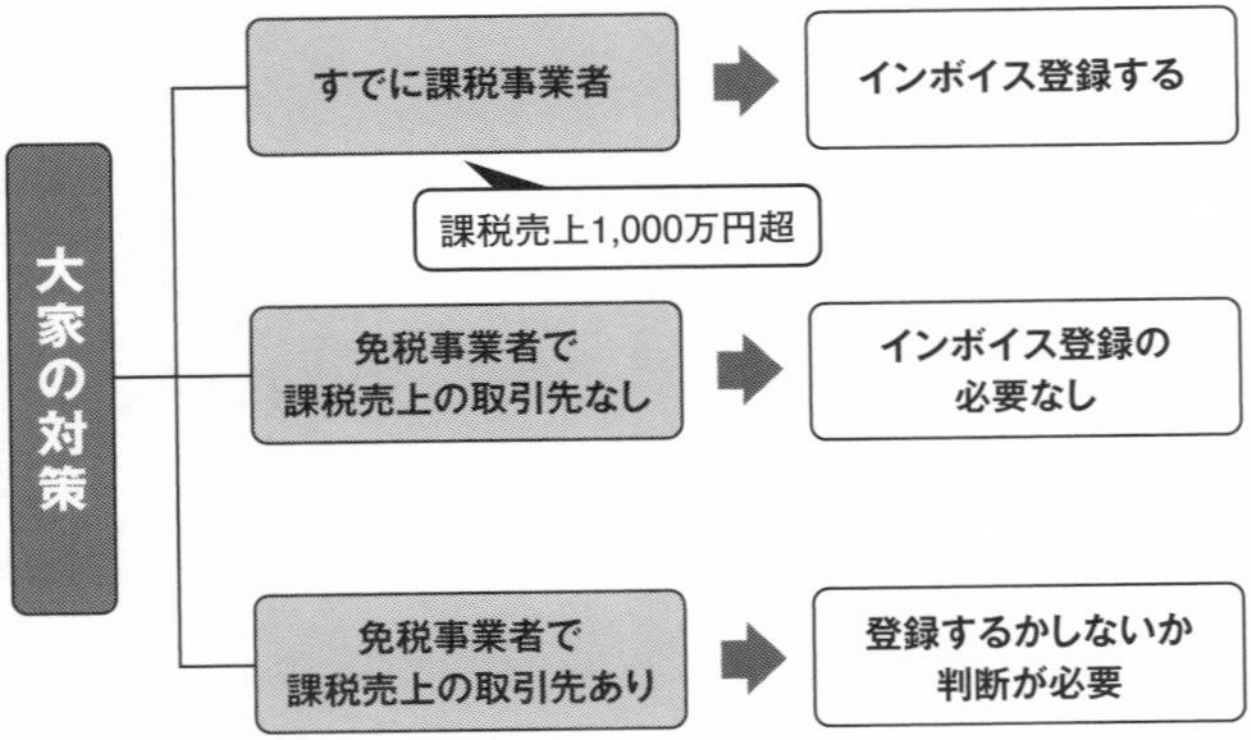

住宅用なので、この家賃も非課税になります。サブリース会社に賃貸していても、住宅用の家賃であれば非課税です。非課税であれば、借主が仕入税額控除がそもそもできないものになるため、インボイス制度によって影響を受けることはありません。駐車場の賃貸などの課税取引がなければ、インボイス登録の必要はありません。

しかし、住宅用の物件を賃貸していたとしても左記の取引は課税取引になります。インボイス発行の要求がある可能性がありますので、ご注意ください。

①入居者負担分の原状回復工事費用
②共益費とは別に入居者から徴収する電気代・水道代（不動産オーナーが支払う電気代・水道代が、各入居者からもらう金額とに差額がある場合）

（3）免税事業者で課税売上の取引先がある場合

課税売上が1000万円以下など課税取引があっても免税事業者になっている方は、登録するかしないかの判断が必要です。

インボイス登録は任意です。登録すれば消費税の納税が発生するし、登録しなければ、テナント入居者の退去や家賃の値下げリスクがあり、悩ましいところです。

11．免税事業者はインボイス制度にどう対応すればよい？

（1）インボイス登録するかどうかの判断フローチャート

免税事業者で課税売上の取引先がある場合には、インボイス登録するべきかどのように判断すれば良いでしょうか。判断しやすいようにフローチャートを作ってみましたので参考にしてください。

①課税取引をピックアップ

まず店舗や事務所に賃貸している物件や駐車場など課税売上になる物件がどのくらいあるのかを確認しましょう。

②借主が課税事業者かつ一般課税（原則）か？

インボイス登録をしないと借主が仕入税額控除ができないことになりますが、借主全員がその影響を受けるわけではありません。仕入税額控除ができないことによって消費税の負担が増えてしまうのは、

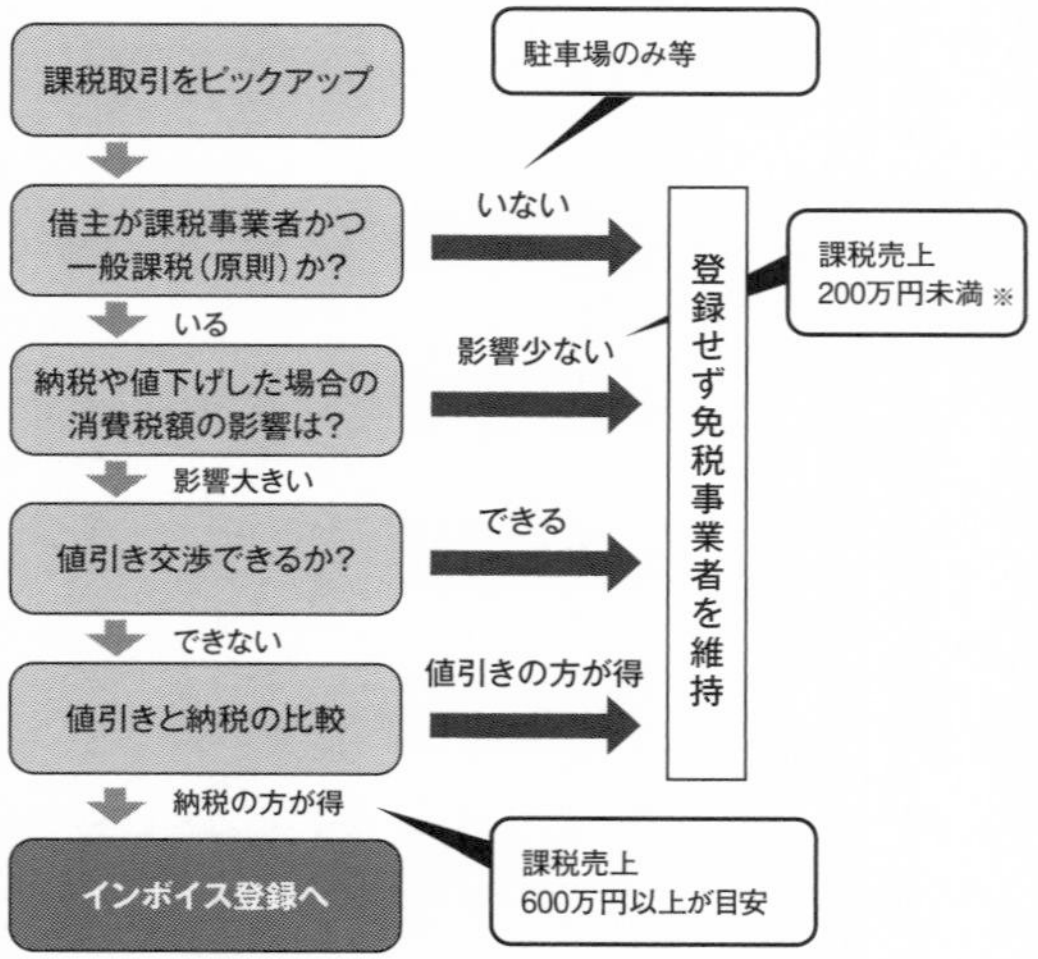

※（1）③参照

取引先（借主）が消費税の課税事業者であり、原則課税になっている場合です。つまり、借主が免税事業者（原則、2年前の課税売上が1000万円以下など）である場合には、消費税の納税義務がありませんので、インボイスによる影響は受けません。

また、借主が課税事業者であっても、簡易課税制度を選択している場合（2年前の課税売上が5000万円以下などの要件を満たしている場合）にも、インボイスによる影響は受けません。仕入れに係る消費税を取引ごとに計算しないため、インボイスの保存が必要ないとされているからです。影響を受けない人に共通するのは、事業をしていない、もしくは、事業の規模が小さい（個人事業主に多い傾向にある）方です。

③納税や値下げした場合の消費税額の影響は？

課税売上高が大きくなければ、インボイス登録せずに消費税を取らないという選択肢もありだと考えます。具体的な例として、課税売上高200万円（税込み）の場合で考えてみます。

○インボイス登録して消費税を納税（簡易課税制度を適用）するケース

消費税の負担額は、約11万円になります。

○インボイス登録せずに消費税分を値下げするケース

消費税分を値下げによる賃料の減少分は約18万円です。差額は7万円出ますが、インボイス登録をすると消費税申告が必要になっていきます。

消費税申告書の作成の手間や、消費税申告を税理士に依頼する場合の費用の発生を考えると、その差はあまりないように思います。

したがって、課税売上高２００万円（税込み）未満であれば、インボイス登録せず免税事業者を維持し、消費税をもらわないという判断でもよいのではないでしょうか？

（2）値引き交渉できるかどうか

インボイス制度が導入しても、急激な変化にならないように経過措置が設けられています。経過措置の期間中は、免税事業者からの課税仕入れについても、仕入税額相当額の一定割合を控除できることになります。

２０２３年（令和5年）10月1日～
２０２６年（令和8年）9月30日↓80％控除
２０２６年（令和8年）10月1日～
２０２９年（令和11年）9月30日↓50％控除

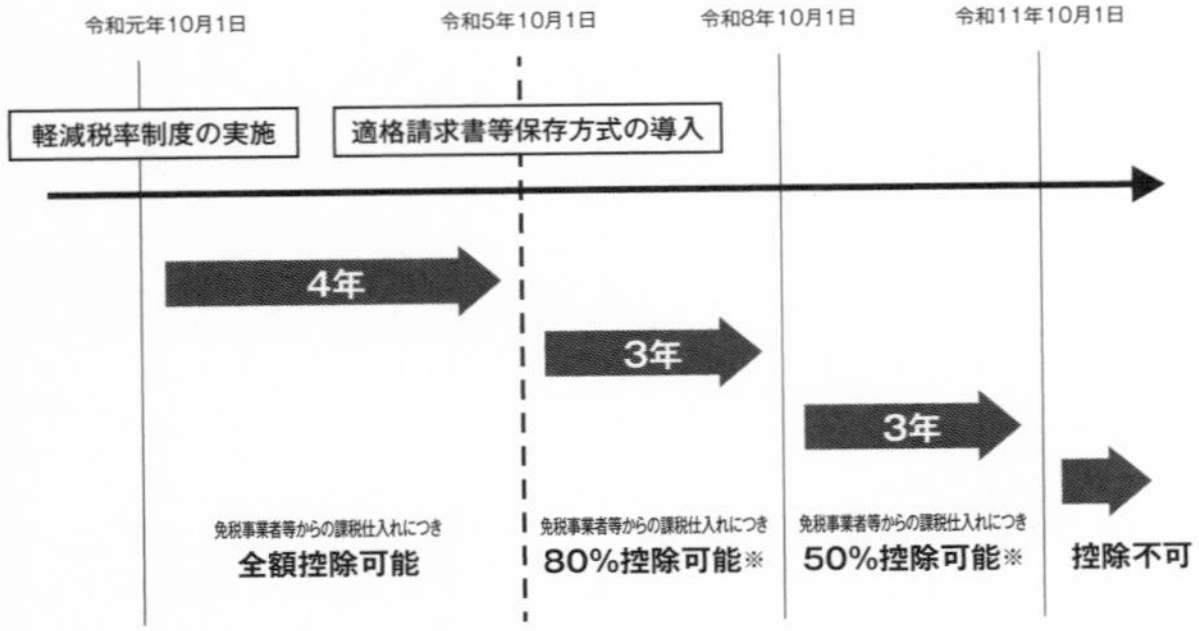

※この経過措置による仕入税控除の適用にあたっては、免税事業者等から受領する区分記載請求書等と同様の事項が記載された請求書等の保存とこの経過措置の適用を受ける旨（80%控除·50%控除の特例を受ける課税仕入れである旨）を記載した帳簿の保存が必要です。

これを利用して、免税事業者のまま、仕入税額控除ができない部分に相当する金額を値引きすることで、取引先の負担がないようにできないでしょうか？

例を挙げて説明します。

テナント家賃110万円（うち消費税相当分10万円。年間1000万円超えますが、わかりやすくこの金額にしています）を経過措置に合わせて、本体家賃2万円値引きした場合、5万円値引きした場合で比較すると下図の通りになります。

経過措置の期間は値引きで対応した方が、簡易課税制度を利用した場合よりも、大家さん及びテナント入居者さんの実質的な手残りが多いことがわかります。

免税事業者である大家さんが、テナントなどの借主に消費税分を請求している先がある場合には、借主に減額で対応してもらえるかどうかを確認してから、登録事業者（課税事業者）になるかどうかを検討してみてもよいのではないでしょうか？

（単位:万円）

	簡易課税制度を利用した場合	本体家賃2万円値引きした場合（80%控除期間）	本体家賃5万円値引きした場合（50%控除期間）
本体家賃	100	98	95
消費税分	10	9.8	9.5
請求書金額	110	107.8	104.5
借主の仕入控除消費税	10	7.84	4,75
借主実質負担額	100	99.96	99.75

大家受け取り収入	110	107.8	104.5
負担消費税	6	0	0
実質手取り	104	107.8	104.5

（参考）緩和措置VS経過措置どちらがよい？

令和5年度税制改正で、免税事業者が課税事業者になった場合に、緩和措置が設けられました。

免税事業者が課税事業者に切り替えた場合、納税額を売上税額の2割に抑える措置を、インボイス導入の23年10月に合わせてから3年間の時限付きで設けるようにするとのこと。

例えば、10万円の消費税を受け取った場合には2万円の納税でよいということになります。

改めて、テナント家賃110万円（うち消費税相当分は10万円）を改正の緩和措置を利用してインボイス登録した場合と、免税事業者を維持したまま経過措置に合わせて、本体家賃2万円値引きした場合で比較すると下図の通りになります。

緩和措置を利用してインボイス登録をする場合の方が若干有利になります。

しかし、消費税の申告の手間や税理士などの専門家に依頼する場合の費用の負担があることを忘れてはいけません。値引き交渉ができるのであれば、免税事業者を維持する方向を考えた方がよいと思われます。


(単位:万円)

	緩和措置を利用してインボイス登録した場合	本体家賃2万円値引きした場合（80%控除期間）
本体家賃	100	98
消費税分	10	9.8
請求書金額	110	107.8
借主の仕入控除消費税	10	7.84
借主実質負担額	100	99.96

大家受け取り収入	110	107.8
負担消費税	2	0
実質手取り	108	107.8

（3）値引きと納税の比較

消費税の一部値引き交渉ができなければ、インボイス登録をするしかないと考えるのは早計です。

インボイス登録を選択した場合に気をつけなければならないことがあります。賃貸経営の課税売上は、店舗、事務所、駐車場収入のように消費税がかかっていると目に見えるものだけではありません。課税事業者になると、左記の取引についても消費税を納めることになるのです。

これを私は、「隠れ課税売上」と言っています。

例を挙げてみます。

①入居者負担分の原状回復工事費用

入居者が退去する場合に、敷金を全額返金しない場合があります。

入居者が負担する修繕費を差し引いて、残った敷金だけを返却するのです。

この返却しなくてよくなった敷金が、課税売上になるのです。

国税庁ＨＰでは下記のように説明されています。

「建物の賃借人には、退去に際して原状に回復する義務があることから、賃借人に代わって賃貸人が原状回復工事を行うことは賃貸人の賃借人に対する役務の提供に該当します。したがって、保証金から差し引く原状回復工事に要した費用相当額は課税の対象になります」

入居者がやるべき原状回復工事を大家さんが代わりにやっているサービスだから課税取引だということです。これは、住宅用の部屋であっても、課税売上になるのです。

②共益費とは別に入居者から徴収する電気代・水道代

部屋ごとに個別メーターがない場合、大家さんが電気代・水道代を一括で支払い、各入居者に使用分を請求することがあります。この場合の請求する電気代・水道代が課税売上になることがあります。

大家さんが支払う電気代・水道代が、各入居者からもらう金額と一致していれば、つまり、差額が生じずに、「預り金」として処理して、単に大家さんを通過しているに過ぎないものは、消費税はかかりません。

しかし、「預り金」処理ができないような差額が生じる場合、つまり、使用量に関係なく一定額で請求していたり、大家さんが少しでも多めに徴収しているような場合には、（差額だけでなく）徴収金額の全体が課税売上になります。

③賃貸物件を売却した場合の建物売却代金、固定資産税精算金

賃貸している物件を売却した場合、住宅用、テナント物件問わず、建物の売却代金は課税売上になります。

固定資産税の精算金は売買代金の一部なので建物分についての精算金は、消費税が課税されます。

インボイス登録事業者（課税事業者）となって、簡易課税制度で納税を取るか、店舗や駐車場に係る消費税分家賃値下げして、隠れ課税売上げの消費税を取られないようにするか（益税）、有利不利の比較をしてみる必要があるということです。

具体例で考えてみたいと思います。

《インボイス制度で値下げか登録かを迫られる取引》
○店舗収入　２６４万円（税込）
○駐車場収入　66万円（税込）
○太陽光収入　１０５・６万円（税込）

この取引の消費税分を値下げするか、課税を受けるかの選択になります。同時に、課税を受ける場合には、隠れ課税売上についても納税の対象になることを考慮します。

《隠れ課税売上》
○敷金償却分（修繕分）　50万円（税込）
○敷金償却分（クリーニング分）　２００万円（税込）
○預り金処理しない水道光熱費徴収分　１００万円（税込）
○住宅用建物の売却金額　２００万円（税込）

値下げした場合の減額と納税した場合の負担を表で比

	収入項目	税込金額	消費税額	値下げによる減少	簡易課税による納税
値下げによる収入減少	店舗収入	2,640,000	240,000	240,000	144,000
	駐車場収入	660,000	60,000	60,000	36,000
	太陽光収入	1,056,000	96,000	96,000	28,800
			0	0	
			0	0	
	小計	4,356,000	396,000	-396,000	-208,800
隠れ課税売上の納税	水道光熱費徴収	1,000,000	90,909		18,181
	住宅用建物売却	2,000,000	181,818		72,727
	敷金償却（修繕）	500,000	45,454		13,636
	敷金償却（クリーニング）	2,000,000	181,818		90,909
			0		
	小計	5,500,000	499,999		-195,453
	合計負担額	9,856,000	895,999	-396,000	-404,253

較すると下図のようになります。表では、値下げした方が、マイナスが少なくなるのがわかると思います。このように具体的に当てはめて比較しないと有利不利がわからないのです。

これはどのくらい課税売上（隠れ課税売上）があるかによって、大家さんごとに影響が異なるからです。

インボイス登録事業者（課税事業者）となって納税を取るか、消費税分家賃値下げして、隠れ課税売上の消費税を取られないようにするか（益税）、有利不利の比較をしてみる必要があるということです。

インボイス登録による納税（隠れ課税売上を含む）	VS	家賃の値下げ＋益税（隠れ課税売上分）

12.インボイス登録申請期限

令和5年10月1日からインボイス登録事業者になる場合には、登録申請はいつまでにしないといけないのでしょうか？

課税事業者、免税事業者ともに令和5年10月1日から登録事業者になる場合には、令和5年9月30日までに申請が必要になります。

令和5年税制改正で変更がありました。税制改正が出る前は、開始に合わせて登録を受けるためには、令和5年3月31日までに登録申請が必要で、期限を過ぎた場合には、令和5年9月30日までに登録が困難な事情を記載して提出すればよいとされていましたが、「困難な事情」は記載しなくてもよくなりました。

しかし、申請してから、登録番号の通知が送付されるまで時間を要するものと思われます。早めに借主に通知できるように、登録申請は余裕をもってしましょう。

［第14章］

所得別節税法

ここでは、所得に応じた節税法をご紹介していきます。

1.個人事業の場合

サラリーマンの年収600万円、所得控除136万円を想定

（1）課税所得600万円（不動産所得300万円、事業的規模に満たない）まで

このステージでの無理な節税はしない方がよいでしょう。経費になるからと、無駄な支出をしてしまうと、キャッシュが減ってしまいます。次の不動産の購入資金が貯まらずに、ここで足踏みをすることになってしまいます。また、融資を受けて不動産を買い進めていきたい方は、節税によって所得が少ないと判断されて、融資の審査に影響を及ぼす恐れがあります。

ここでは、支出の伴わない節税をしましょう。

○青色申告特別控除（10万円控除）（※115頁参照 以下同）

(2) 課税所得800万円(不動産所得500万円、事業的規模)まで

このステージでは、所得税・住民税の負担が重く感じてきます。事業的規模を活かして、支出の伴わない節税、所得分散をして、節税をしていきましょう。また、建物の価値を高めるための支出を積極的に行うのも効果的です。

○青色申告特別控除(65万円控除) ※115頁
○青色事業専従者給与を支給 ※114頁
○修繕費になるリフォーム費用(外壁塗装など) ※118頁
○30万円未満の少額減価償却資産の特例 ※125頁
○確定拠出年金やふるさと納税の活用 ※130～136頁

(3) 課税所得所得1,000万円(不動産所得700万円、事業的規模)超

個人での税率が高くなっていますので、法人化を検討しましょう。移転コストと節税効果との比較で、法人化の種類を検討しましょう。

移転コストが2～3年で回収できるのであれば、建物所有法人もしくは、土地建物所有法人へ、移転コストが4年以上でしか回収できないのであれば、サブリース法人もしくは、管理法人へ。

また、新規の不動産の購入は、法人で行うようにした方がよいでしょう。

2. 法人経営の場合

（1）所得300万円の場合

個人事業と同様でこのステージでの無理な節税はしない方がよいでしょう。法人税等の実効税率も所得400万円以下は、21・42％（中小法人の軽減税率適用）のため、積極的に税金を払った方がキャッシュは残ります。

（2）所得500万円

所得400万円を超えると、800万円までの法人税等の実効税率が23・20％（中小法人の軽減税率適用）になります。所得400万円以下よりも上がりますが、大して変わりません。過度な節税でキャッシュを減らさないようにしましょう。

○家族役員に報酬を出すなどで所得分散（140・141頁）※ただし、社会保険を負担した場合との比較は必要

（3）所得1000万円超

所得800万円を超えると法人税等の実効税率は33・80％（中小法人の軽減税率適用）になります。所得800万円までと比べると10％ほど上がってしまいますので、節税を本格的に考えるのであれば、このステージからです。所得800万円以下の部分は、低い税率になるため、所得800万円

を超える部分を削るだけで充分だと考えます。

○セーフティ共済の加入（159頁）
○社宅の活用（157頁）
○出張日当の支出（157頁）
○非常勤役員に給与を支給（163頁）

なお、法人で課税所得1200万円以上あるのであれば、分社化を検討してみましょう。会社を新規に設立して（分社化）、その法人に所得を移せるのであれば、その法人が800万円以下の所得に低い税率が適用できることになります。もう1社会社を維持するコストが発生しますが、法人税が下がる節税額とコストを比べて効果がでるかどうかをシミュレーションして判断しましょう。

おわりに

最後までお読み頂きましてありがとうございました。私が常に考えていることは、「目先の利益よりも長期的な利益」です。節税になるからと、目先の利益を追って、経営が行き詰まってしまう方を見てきました。

長い目で見たときに、この節税策はどうなのか？このような視点を持ってもらいたいのです。

私がこのような考えに至ったエピソードがあります。私が賃貸経営を引き継いだとき、実家の賃貸経営の確定申告や顧問を、地元の税理士さんにお願いしていました。

毎月事務員さんは来てくれるものの資金繰りについては、何のアドバイスもありませんでした。思い切って「資金繰りが厳しいので、何か方法はないのでしょうか」と、税理士さんに直接相談してみたのです。

すると、その税理士さんからはろくに考えもせず、「物件を1つ売却して借入金を返済しましょう」という他人事のような返事。

私が、ちょっとムッとした表情で、「売却した後の今後はどうなるんですか？」と聞くと、その税理士さんは諭すように言いました。

「将来のことを考えると先に進めない。今、乗り越えるべきことを最優先に考えないと。」

当時の私は、釈然としないまま。ただ何も反論はできず、悔しい思いをしたのを覚えています。

今思えばですが、商売をやっている人に向けてのアドバイスならまだわかる気がします。苦しい時期をやり過ごせば、業績も上がることもあるでしょう。

しかし、賃貸経営は違います。年数が経てば経つほど、建物は古くなり、家賃は下がっていくのです。

限られた家賃収入の中でやり繰りしていかなければならないのが、賃貸経営です。物件を1つ売却することで、収入源を失ってしまいます。

今後の賃貸経営、生活は一体どうなるのか。それに答えが出せなければ、安易な決断はできないのです。

この税理士さんの一言が私の運命を変えました。「私ならもっと大家さんの力になれる！」そう思いました。

私は、これからも全国の困っている大家さんを救っていきたいと思っています。そのためには、私一人だけの力では到底難しいと実感しています。

そこで、大家さんのために一緒に問題解決をしていくと決意した税理士を集めたネットワークを作りました。大家さん専門税理士ネットワークＫｎｅｅｓ　ｂｅｅ（ニーズビー）という名前です。税理士のフランチャイズ組織で、各地で税理士パートナーを増やしていき、全国対応できるようにしていきます。ホームページも作っています。コラムも連載しているので、よかったらご覧頂ければと思います。

▼大家さんの知恵袋 https://knees-ohya.com/

　またＹｏｕｔｕｂｅでも大家さんに向けた情報発信をしています。賃貸経営のこと、税金のことを短い時間でわかりやすく解説しております。こちらもご覧頂ければと思います。

▼Ｙｏｕｔｕｂｅチャンネル　大家さんの知恵袋
https://www.youtube.com/channel/UCSbMHI5L3J63erJa_nqaATQ

渡邊　浩滋（わたなべ　こうじ）

税理士、司法書士、宅地建物取引士。

1978年、東京都江戸川区生まれ。明治大学法学部卒業。

税理士試験合格後、実家の大家業を引継ぎ、空室対策や経営改善に 取り組み、年間手残り▲200万円の赤字経営から 1,400万円までのV字回復をさせる。

大家兼業税理士として悩める大家さんの良き相談相役となるべく、不動産・相続税務専門の税理士法人に勤務。2011年12月に同事務所設立、2022年10月法人化。2018年から大家さん専門税理士ネットワーク Knees bee（ニーズ ビー）を立ち上げ、大家さん専門税理士のフランチャイズ展開を開始。全国の大家さんを救うべく活動中。

【主要著書】『税理士大家さん流キャッシュが激増する無敵の経営』（ぱる出版）

『相続したボロ物件どうする?【第2版】: 賃貸アパート経営の道しるべ』（税務経理協会）『大家さんのための超簡単青色申告』（クリエイティブワークステー ション）『税理士事務所の業種特化戦略のすべて』（ロギカ書房） 他多数

大家さんに役立てて頂ける情報を"無料"で発信しておりますので、是非ご登録ください。

▶YouTubeチャンネル【大家さんの知恵袋】

毎日更新しています!

https://www.youtube.com/@user-nl9st4vg9u/featured

▶メルマガ【大家さんの知恵袋】

税金のご相談、賃貸経営に関するご相談をお受けしメルマガにてご回答しております。

その他、セミナーや相談会のご案内、大家さんのための保険や法律情報を発信しています。

https://knees-ohya.com/news/200106merumaga/

▶インボイス相談窓口【公式LINE】

不動産に関するインボイスの質問を、チャットで無料相談が出来ます。

〈大家さん向け〉　〈管理会社さん向け〉

大家《おおや》さん税理士《ぜいりし》によるキャッシュを増《ふ》やす節税教科書《せつぜいきょうかしょ》

2023年5月9日　　初版発行

著者　渡邊《わたなべ》　浩滋《こうじ》
発行者　和田　智明
発行所　株式会社　ぱる出版

〒160-0011　東京都新宿区若葉1-9-16
03(3353)2835ー代表　03(3353)2826ーFAX
03(3353)3679ー編集
振替　東京　00100-3-131586
印刷・製本　中央精版印刷(株)

落丁・乱丁本は、お取り替えいたします

ISBN978-4-8272-1389-8　C0033